语言历史论丛（第七辑）

Papers on Languages and history

Volume 7

四川师范大学汉语研究所
中国·成都·2014
The Linguistic Institute, Sichuan Normal University
Chengdu, China, 2014

巴蜀书社

主　编　周及徐
副主编　袁雪梅
编　辑　周及徐　袁雪梅　周颖异　梁　浩

目　录

CONTENTS

汉字：人类心灵的几何学

杜道生

［编者按］ 2013 年 9 月 10 日，四川师范大学文学院教授杜道生先生去世，享年 101 岁。为了缅怀先生，本刊特转载杜先生写于三十多年前的《汉字：人类心灵的几何学》一文。该文原题为《关于汉字“数学”素质的疑测》，初稿完成于 1980 年暑假，1982 年 5 月在四川省语言学会首届年会提出报告，后经“中国新闻社”推荐，于同年 11 月 23 日发表在《华侨日报·文史双周刊》第二十四期，改用上列标题。本文根据杜先生手抄原文排印。

李约瑟博士在他的著作《中国科学技术史》里，竭力称赞汉字的“数学”素质。他说：“在中国文字中，一个字的发音和它的书写方式是没有关系的。事实上，写出来的文字的意义是固定的，不管讲什么方言的人都明白它的意义，但他们发出来的音可能完全不同，彼此无法听懂，就是这种语言中的‘数学’素质使公元十四世纪早期的波斯人深为感动，后来又引起像莱布尼茨这样的十八世纪欧洲学者的注意，也许还推动了欧洲数学逻辑的发展……”①

我个人曾对李约瑟博士所说的“数学”素质进行过仔细的探讨和思索。然而，只得出一个答案，就是汉字本身具有几何学的素质。换言之，即汉字具有用图形、符号表示概念的素质。汉字所具有的这种特殊性质，乃是中华民族若干千年前的伟大创造。相传在远古的游牧时代，我们的祖先就曾“仰则观象于天，俯则观法于地，视鸟兽之文与地之宜，近取诸身，远取诸物，于是始作易八卦以垂宪象”②。

概言之，就是人们把心灵对于客观事物的感受用图形、符号表达出来，描绘出来。“字为心画”③ 的说法就是源于此。这也就是我所理解的汉字最根本的素质，对此，我们的祖先早在两千年前就已清楚地认识到了。

欧几里得几何是研究物体形状、大小和位置相互关系的科学，它以高度抽象和概括的图形来表达事物之间的关系，而汉字与之相较，则有异曲同工之妙。因为汉字最大的特点，是把人们心灵对客观事物的感受，用图形、符号的方式表达和描绘出来，所以我们尽可以把它视为人们“心灵的几何学”。

---

① 李约瑟《中国科学技术史》第一卷，第一分册，71页。

② 见《说文解字·叙》。

③ 见扬雄（公元前53年——公元18年）《法言·问神》：“言，心声也；书，心画也。”

“心灵几何学”这个用语是“杜撰”的，乍听起来，似乎过于玄妙。但需知，作为一个有生之人，都本能地具有把心灵的感受表达出来的愿望。而表达的方式主要有：使用动作表达，使用声音表达，使用图形、符号表达。而这最后一种表达方式——即使用图形符号，无疑是人类高级智力活动的结果。而人们自来都以为：人类最本质的特征就是能创造并使用生产工具。因而忽略了创造符号并使用符号也是人类最本质的特征之一，而且这种创造和使用较之前者是更为艰难的。并且在人类创造的各种符号系统中，汉字则是表达能力最强的。这种让图形符号和有声语言有机结合，约定俗成，习惯使用，发挥一般交际和交流思想的功能，则是唯独汉字所具有，更是历史的伟大成就。早在一千八百多年前，我国就出现了一部用科学方法整编了九千多个图形符号的巨著《说文解字》，“心灵几何学”的体系建立起来了。汉字的“数学”素质显现出了它的巨大威力，给中华民族的历史和现状带来了不可估量的影响。

首先，从空间上看，领土辽阔、人口众多的中国拥有难以数计的方言土语，这些方言土语之间语音差距之大，并不亚于两种截然不同的语言之间的差异。一个不懂广东话的北方人听广东人讲自己的方言，并不比听日语、英语之类的语言轻松多少。但任何一个中国人，不论他操的是哪一种稀奇古怪的方言土语，只要一拿起书本，则一切语言隔阂便顿然冰释。汉字的这种“超方言”性质，正是由它的“心灵几何学”的性质所决定的。中华民族之所以能在几千年的发展过程中始终保持大致的统一，能创造和享有共同的文化、艺术、典章制度和其他精神财富，正是她拥有这种“超方言”的文字，即全民族的共同文字。正如李约瑟博士在一次讲演中指出的那样："单音的象形文字的发明对中国起着一个强大的维系作用。"①

其次，从时间上看，汉字这种"心灵几何学"的性质所造成的影响就更加引人注目。由于汉字的这一特殊性质，使其读音和文字传达的语言信息之间，基本上没有联系。因此，正如方言不能影响文字一样，几千年来汉字读音的沧桑变化对文字也并无多大影响。在白话文出现之前，人们日常生活所用的口头语言与书面语言大相径庭，尽管汉语口语不断变化，而书面语言却基本上原封不动，援用着秦统一文字以后的字样——隶书衍化的字样，传诵着远承孔孟的"文以载道"的文言文。基于这个原因，凡受过一定教育的中国人都能毫不困难地理解几千年前祖先的教训、主张，欣赏他们精湛的艺术作品中那些细致的感情色彩，领略其中神奇的艺术魅力。对此，瑞典汉学家高本汉曾有一段精彩的评述。他说：

> 一千年以来，文言文一直是一种矫揉造作的东西，而且尽管有那么多的格调变化，这些年代以来它基本上是一样的。一个中国人一旦掌握了它，他所读的一首诗无论是在基督时代，或者公元一千年以后，或者是昨天写的，从语言学的观点上看，对他都是一样的。不管是什么时代写的，他都能理解并欣赏它。可是在别的国家，书写文字随着口语而演变，在很少的几个世纪中，可形成一种实际上全新的文字。今天一个普通的英国人很少能看懂三四百年前的本国文献。最早期的文献，只有经过专门的语言学研究以后才能了解。

---

① 李约瑟《中国古代社会的发明》。增记：见 1974.6.11《参考消息》四版。

对中国人来说，数千年的文献都能了解，他们对本国古代文化的无比热爱和理解，大都由于他们文字的这种特殊之故。①

的确，汉字这种“超时间”的稳固性所起到的作用，在其他使用拼音文字的民族是难以想象的。这个问题若从哲学、历史学和社会学的角度进行一番认真地探讨，定会得到发人深省的结果。汉字所具有的特殊性质决定了过去和现在之间的紧密联系，从而使中国人深切地感受到过往的历史对自己的影响，认识到自己的思想意识与数千年来中国文化发展的继承性，从而能超然于自己所处的特定时代和环境之外，产生出一种强烈的历史感。中国人的哲学观念这样特别，中国人对自己和周围世界的看法如此特异，在很大程度上是由中国文字所决定的。要真正理解中国文化和历史，非研究中国文字不可，这绝非过激之辞。

固然，正因为这个原因，中国人较之其他民族，更易背上因袭的重担，而缺乏革新精神。但这种几千年来融为一体的文化所能提供给你的诗一般优美的感受，超然于历史之上的洞见力和宽广的胸襟，则是其他许多民族望尘莫及的。正如李约瑟博士指出的那样：“汉字精练简洁和玉琢般的特质，给人的印象是朴素而优雅，简练而有力，超过人类创造出来的表达思想感情的任何工具。”②

近百年来，全世界有不少有识之士，四处奔走，大声疾呼，希望创立或选择出一种世界共同使用的语言，以增进各国人民的

① 见李约瑟《中国科学技术史》第 卷第 分册88—80页。
② 见李约瑟《中国科学技术史》，第一卷第一分册89页。

相互了解，促成全球共同文化的出现。因为，自有史以来，本属同一大家庭的人类却经常陷于民族仇杀、领土纷争之中，令人痛心不已。究其根本，则语言不通，互不理解，为一重要因素。再有，工业革命以后，人类认识和改造世界的能力，获得了空前的进步，工业、交通、商业贸易的日益发展，已将世界各民族紧密联系起来。这一切，形成了建立世界共同语的必然趋势。当然，要真正建立世界共同语还有漫长的路程要走，但是设立共同交际语，以利目前的应用，则是完全可能的。在联合国大会规定的五种正式语文和工作语文中，就有中文。中文现刻就在帮助各国人民的一般交际。开设汉语课程的国家不断增多，记录汉语的汉字也受到世界许多国家语言工作者的重视。世界上倘若有建立共同文字的规划和理想，那么，哪一种文字最适合作为人类共同文字呢？只要把各国文字稍加比较，就不难得出明确的答案，那就是根据人们共同心灵感受而造成的中国文字。上面说过，在世界各国语言中，惟有中国文字能超乎千差万别的方言土语之上，从而成为了语言不通的人们之间相互了解的工具。既然汉字能统一中国各地如此众多的读音迥异的方言土语，既然汉字能沟通几千年来不同时代人们之间的思想观念，又何不可将其应用范围稍加扩大，成为全世界人民的共同工具呢？

实际上，这一点早已为许多中外学者所认识。多年以前，瑞典汉学家高本汉曾称："中国语文为世界上高等进化之语文。中国之文言，可作为书写的世界语。将来果有世界语之创立，当以中国语文之研究为基础。”①

井研廖季平经师也曾说：“统一全球，非中国文字不为功。”②

余杭章太炎先生在教育谈中论及中国文字时也与廖经师之言遥相呼应③。

因此，外国朋友要到中国留学，学习我们的什么？我想，最好是学习汉字这门人们“心灵的几何学”。我们愿意与世界各国人民共享这份宝贵的文化财富，以期求得人类共同的文明与进步。

现在，拟从三个方面来介绍汉字，使初学者从这三个方面受到一定的启发，以增加学习汉字的兴趣和信心。

（一）首先掌握若干基本的图形（约三百至四百），了解这些图形是如何表达心灵对客观事物的感受的，那么，就会强烈地感觉到：汉字形象生动，显现完整，表达直接，风格淳正，优雅简练，心所同感，合于自然。从古至今，相率沿用，实能启发良知，领会公理。知方圆曲折各存道理，长短平直皆有分寸。学习汉字即培养品德。潜移默化，自然养正。

---

① 据《中文大辞典·序》二页载高本汉（公元1889—1978）之言曰：“以中国之大，而能如此团结，实由于中国语言与文字，作为维系之工具。”又云：“中国文字上下数千年，畅通无阻，中国人宝爱其民族文化，亦其文字特性使然。”此下接连本稿所引一节，作者固由中国文字，谈到“中国之文言”，请参考原书。

② 李澄波先生《中西文字异同考》（中华民国十五年［1926］李氏念劬堂刊）结论：“井研廖季平先生，叙其所作文字源流考，而曰六书文字，创自孔子，传之万世，统一全球，非中国文字不为功。”

③ 同上：“余杭章太炎先生之教育谈，其论文字亦曰，欧洲各国本来地方不大。蒙古满洲地方虽大，人数极少，合起来不过中国十六七县的人口，一国的说话，声气自然一样，所以可用拼音。……地方大的，断不能用拼音字。”

——抒发心灵之朴质性

（二）再掌握由两个、三个、多个基本图形组合成的新图形概念，会感受到汉字“方以类聚，物以群分，同条牵属，共理相贯，杂而不越，据形系联”谨严的组合方式和集合概念反映出的自然现象、生产关系、人物形性、社会伦理。学习汉字可以广博知识，观察社会，智慧才能，久而自备。

——表达概念之科学性

（三）进一步观览甲骨、钟鼎、篆体古文、汉魏碑刻、唐宋书卷，临池染翰，学习书法。会感受到汉字古朴大方，遒劲刚健，气度雄浑，天机活泼，美不胜收。可以凝心聚神，陶冶性情，净化生活。

——陶冶情操之艺术性

汉字具有这些值得学习的内容，故敢于大胆地、有信心地向世界输送。结果怎样？历史会作出答案。

Chinese Character: the Geometry of Human's Soul

Du Daosheng

［Editor's notes］: On September 10th, 2013, Du Daosheng, professor of the College of Liberal Arts, Sichuan Normal University, passed away at the age of 101. To cherish the memory of this respectful scholar, we particularly reprint the essay *Chinese Character: the Geometry of Human's Soul*, which was composed by Mr. Du some thirty years ago. Its first draft was completed in the summer vocation, 1980, and was reported on the first annual meeting of Sichuan Linguistic Association in May, 1982 with the initial title: *Guesses on the "Mathematical" Qualities of Chinese Character*. Recommended by Chinese News Service, it was then published in the 24th issue of *Biweekly Overseas Chinese Daily News—Literature and History* with the later title above. This essay is printed in accordance with the original manuscript of Professor Du.

与杜道生先生二三事

张维佳[①]

夜深了，我辗转反侧难以入眠，几次点灯阅读网上有关百岁“汉字守护人”恩师杜道生先生仙逝的消息，从先生读书的往事一幕幕浮现在眼前。

20 世纪 80 年代中期，我从中学教师任上考入四川师范大学汉语研究所攻读汉语史专业的硕士学位。复试那天，几位老先生——冉友侨教授、刘君惠教授、杜道生教授、郭诚永教授、张振德教授正襟危坐在我的面前，我哪儿见过这个场面啊，登时便吓得脑子一片空白。冉先生几句开场白后，一个瘦小且有点身驼的老先生先拿出一张纸，用十分浓重的四川南路话说：“张维佳，你把纸上写哩这段字念一下（ha213）。”我捧着满是文言的纸，手冒虚汗，哪里读得下去啊。文言且不说，还有一些字根本不认

① 作者简介：张维佳，北京语言大学教授、校长助理，中国语言政策与标准研究所所长，博士生导师。

识，但我还是硬着头皮磕磕绊绊地往下读。杜先生看着我，眯着眼笑了，然后架起黑边老花镜，竟然自己摇头晃脑地背了起来，算是自己出题又自己给我解围。试后我查典才知，那一段是《说文》段注的内容，他的读法我二十多年后才知道是“吟诵”。这是我们第一次见面的印象。

终于能在先生门下读书了，我由衷地高兴。然而听他的课并不轻松。杜先生是四川乐山人，操一口典型的四川南路腔，有丰富的入声字和白读音，如将“家”念 jio45，将“角”念 ko33。这对我们这些无入声的北方人来说，简直是云里雾里。加之他当时已七十五六岁，牙齿掉了几颗，声音发尖发虚，一堂课下来，我们简直不知南北。但不管底下学生如何反应，他总是非常投入地摇头摆脑背诵，既便是讲枯燥的《说文解字注》也是如此，简直要融化在所讲的中华典籍中了，他自己已成了汇通古人的文化了。说实话，我是在他快结束课程时才听懂了一些他的话。不过没关系，先生有讲义，是他用小楷写就然后自费复印发给大家的，用遒劲敦厚的颜体按传统注疏文献的格式书写，简直就是艺术珍品。毕业以后，先生书信鞭策时还寄给我两幅墨宝、一本《论语新注》手稿复印本，我一直珍藏着，时而会拿出欣赏一番。想起从先生读书，那真是让人咀嚼有味的事情。

先生在生活上是一个非常有趣的长者。他总是穿着一身发旧的工作服，带套袖（伏案书写时用），后背微驼，走路蹒跚。但他的一举一动、一言一行总不失传统文人的风骨。他有趣的故事很多，这里仅举两例：一个是从他读书时发生的，一个是他九十二岁时我回川师时他讲的，其中反映了他豁达淡定、幽默风趣的人生态度。他每到周末都坐公交车去看在另一所大学做教授的儿子，那时成都公交车上小偷很多，有一次他真的丢了钱。回川师后，他将厚纸裁成如钱大小的一沓，每张都写上："小偷，哈哈，你上当了！"他揣在身上如常挤公交车，返程时厚厚的"钱"真的被小偷偷走了。他回校逢人便讲，津津乐道，一幅生动睿智的样子。他九十二岁那年，我去成都看他。他仍然挤在那堆满书的文学院办公楼上的宿舍里（学校给他单元房，他考虑仅一人住，没有要），只是多了一间卧室。聊天时我发现他书房墙上有个矮洞，就问先生何故。先生说：前些时候遭贼喽，原来两个房间各开一门儿，从走廊进出，相对独立，先生大部分时间都在卧室隔壁的书房读书。有一天晚上，他在书房看书，小偷竟然把他锁在书房，堂而皇之地登入另间卧室干起勾当来。事后，先生自找工具，挖个小洞，将两间屋钩连起来。先生从不麻烦人，自己的事情自己解决，一生都如此。

终于到了我们写论文的时候了，根据五大导师集体商议的意见，每位老师指导一两名学生。因为我写汉字与中国传统文化关系的内容，自然是先生作我学位论文的指导教师。那个年代中国文化语言学派盛行，很多年轻学者或学生亦步亦趋，四川"章黄学派"虽非常重视结合传统文化研究语言，但是不喜欢文化语言学对语言与文化进行阐释的范式和方法。所以一听我选这个题目，先生就皱眉头，以为我从俗，不愿意指导。在我说明写这个题是为了梳理汉字产生、演变的历程，挖掘汉字背后的文化意蕴和构字理据，以便社会更好地使用并传承汉字后，他欣然同意了。他操着浓重的南路话说："张维佳 ，要写这个题目，必须熟读《说文》段注，要把卡片一张一张做好。其他有关传统文化方面的资料我给你提供。"在论文写作的那几个月里，我写一部分就要向先生汇报，我的草稿和初稿中批满了先生的文字。我的论文真是浸透着先生的心血，那论文字里行间的红色批语分明就是先生的心血啊！

毕业以后的二十多年，我与先生常有书信往来，我寄贺卡，他回诗歌和墨宝。每次展信，我称“尊敬的先生”，他称“维佳贤友”。他寄来的墨宝有两幅我非常喜欢。一幅书有“好雨知时节，当春乃发生。随风潜入夜，润物细无声。野径云俱黑，江船火独明。晓看红湿处，花重锦官城”（杜甫《春夜喜雨》）；另一幅书有“胜日寻芳泗水滨，无边光景一时新。等闲 识得东风面，万紫千红总是春”（朱熹《春日》）。我知道先生送我墨宝的用意，是希望我们后学要认真研读中华传统文献，深入领略“闻道”的乐趣。现在想起来，这种隔两代的笔墨之交真乃一笔宝贵的精神财富。

2010 年，首都师范大学文学院徐建顺教授听说我刚从成都为先生祝寿回来，硬是缠着我告知他先生近 况和联系方式，他说：我们正在采录全国各地吟诵传人的吟诵调，杜先生的吟诵调在四川很有影响，想尽快抢救性采录。几天后，徐教授传给我一份视频文件，是先生在病床上吟诵的《念奴娇·赤壁怀古》和《木兰辞》视频。每当打开这些文件，看到先生陶醉沉吟的神态，我又仿佛回到了先生的课堂，聆听他对中华传统文化的阐释。

夜深了，情更浓了，辗转反侧，有说不尽的思念……，赋诗一首，表达对先生的悼念之情。

本立而道生，经天成大儒。
说文谙在心，五典熟于途。
有教无关类，同习有卷书。

而今大化去，后世长向哭。

（注：末句以入声字“哭”入韵，表现悲伤滞抑之情。）

记于2013年9月12日凌晨3时

（北京语言大学中国语言政策与标准研究所，北京，100083）

最后的儒者

——悼念杜道生先生

周及徐[1]

三个月前，杜道生先生安然去世，在成都东边四川师范大学的校园一所简朴的旧舍里，以101岁的高龄。

以前，在给学生上课时，逢到古代经典疑义释解的地方，我常挥手指着杜道生先生在校园住处的方向说，“这是杜先生讲的”。几天前，也是这样，当我习惯地要指着那个方向时，手在半空中停下了。一个声音在内心告诉我，杜先生不在了。一种失落的感觉占据心头，仿佛自己失去了依托。这时我才意识到，这么多年来，杜先生已经在不觉之中成为我教书为人的精神寄托和榜样。

现在常人看来，教师不过是一个普通的职业而已，喋喋不休

---

① 作者简介：周及徐，四川师范大学教授，博士生导师。

而境遇平平。曾有一个教师同事很认真地告诫我和众位同仁："向陌生人介绍你自己，千万别说你自己是大学老师。别人会看不起你。"这位同事并没有夸张。社会职业各有出色处，唯教师一角，常人看来，无权无钱，不知有何所长，心起睥睨之意。忆起多年前，杜先生曾经告诉我，不要小看了教师。自古以来，中国人的传统是把老师看得很重的。旧时有钱人家开私馆，延请先生教授弟子，对教师礼敬有加，因为老师关系到后代的前程，自己不能教育得好，拜托老师相助，所以不只是花几两银子雇人使唤的事。杜先生说，"那时的老师是要供奉在神龛子上的。"旧时人家正堂之上，设有神位，正中供奉着"天地君亲师"五个大字。其中"师"，就是教师。杜先生还说，请先生开讲时延请宾客，礼节隆重，还送上一幅对联："不敬先生天诛地灭，误人子弟男盗女娼。"上联言礼敬先生（即教师）是千古之恒道，下联说教师如果渎职，罪不可恕。上联奉告世人，下联警策教师，言简义赅。近年来，我做方言田野调查，在乡下人家还常见供奉着这五个大字，不过改成了"天地国亲师"。至高无上的"君"被请下台了，陋室寒窗的"师"却依然不动。当然，这是在民间。今天的教师，教书做学问的事，被量化成了各种指标，时时考核，完不成就要扣薪水、不得晋级，于是乎汲汲惶惶，以谋稻粱，哪里还有神龛上的俨然。在常人，教师是平凡的；在杜先生，教师却是圣神的。从民国时期到80年代改革开放，风风雨雨曲曲折折，杜先生在四川做了五十多年的教师，不见异思迁，不耻恶衣恶食，衣敝缊袍立于校园而不自惭。令吾辈肃然起敬。

杜先生去世后，有许多关于先生的报道，景仰悼念之下，也有不实之处。例如，说先生背书抄书而不著述，似乎食古不化。

非也。先生读书细致，知古人深，知学问深。今人莽撞著述，不知古人在前就此已有了许多研究，写出的东西反而浅于古人，写来何用？要真正学透不易，超越古人更不易，故不轻易著述。先生能背诵《说文解字》和《段注》的许多段落，是理解了，故熟记于心。对于《说文》的音韵、训诂和字形，同部异部，贯通融会，信手拈来，皆成互证，在先生的时代，鲜见有超过他的。不过，先生认为这些都是前人讲得好，自己只是读懂了、记住了、用上了而已。《说文》"六书"中的"转注"一书，是从字形还是字义，或者从字音来分析汉字，众说纷纭。连研究《说文解字》的清代训诂大家段玉裁也随其师戴震，主张"互训说"，从字义关系来理解转注，此说贯穿段氏的名著、洋洋四百万字的《说文解字注》。而熟读《段注》的杜先生却明确地说，转注、假借二书都是讲字音的。（见超星网视频专辑《杜道生访谈录》，2013年10月）此说应源于民国时期的章炳麟的"孳乳说"。在杜先生的年代，这是超越清儒的很前沿的观点。以此来看，谁能说杜先生食古不化呢？

人意识最深处的东西是什么？医学上说人意识最深处的东西与他生活的基本的需求有关，通常是自己的衣食钱财之类，人如果患上老年失忆症，就只剩下了这些。杜先生晚年患老年失忆症，对身边的人和事都记不清了。后又患眼疾，只见光线，不能阅读。但杜先生一直能背诵《论语》《孟子》《大学》《中庸》和《诗经》这些古代经典。高兴的时候，能把传统戏曲《牡丹亭》从头唱到尾，叫他停下来都不能。2013年初夏，我去拜望，先生枯坐于扶椅上，已经认不出我了。为了引出话题，我问杜先生是否还记得自己写的诗。杜先生说，"你提个头。"我说了一句，杜先生立即接出下句，于是老少二人你一句我一句，将全诗背完。杜先生高兴了，拉着我的手说："你又来！你又来!"意思是要我常来。这是杜先生写于三十多年前的诗。当时先生与诸位研究生弟子游学到湖北，写于长江边苏东坡旧居。兹录于下：

题黄冈东坡赤壁

杜道生

世仰眉山秀，东坡树此堂。
连篇赋赤壁，再闰守黄冈。
乡梦岷峨远，归途江汉长。
浮云等富贵，不朽是文章。

富贵的生活不是读书人所能企盼的，人生的追求是为世间留下有价值的知识和学问。这最后两句也是杜先生的人生信条。

在当代，我们生活在人口聚集的大城市，拥挤嘈杂，环境问题日益严重，影响到人们的生活。据报道，近几日成都市的空气质量标准 PM2.5 的瞬时浓度超过了 $300\mu g/m^3$，污染日益严重。新闻媒体对于百岁以上的健康长寿老人的报道，基本见于广大的乡村地区，山清水秀，环境幽雅。杜先生自 1956 年以来，就一直在成都四川师大校园居住和生活，孑然一身，长年在学生食堂打饭，没有各种保健营养的措施和外出度假条件。杜先生一生衣食简约，在旁人看来有时到了寒碜的地步。在同样的环境中，在如此的生活条件下，杜先生活过了百岁。杜先生精神生活丰富，读书写字是他每日的功课。杜先生曾对我说："读书写字，人有静气，习以为常，人能长寿。"杜先生心态平和，专心于道德学问，从不为待遇级别等等"琐事"与人攀比。杜先生 1937 年获北大的毕业文凭，教书一生，1987 年将退休之时还是副教授。从不听见杜先生对此有任何的抱怨。古人云“仁者寿”，良有以也。杜先生是以道德的力量而长寿的。四川师大中文系老主任张振德先生挽杜先生联：“礼复周孔，义据程朱，谈经论道，超然物外，信步斗室享松寿；业勤仓许，惑从段王，解字说文，乐在其中，神游书山度鹤年。”可谓知杜先生者。

杜先生这样熟读古代经典，按照儒家道德规范生活的人，是这个时代最后的儒者。这样的人，不会再有了。

杜先生去时为 9 月 10 日。是日黄昏暴雨大作，先生寓所之处，柳树在狂风中飘摇，满校园飘香的桂花落了一地。苍天果有知乎？杜先生爱古体诗，从先生之好，吟成数句以吊先生：

悼杜道生先生

百寿飘然辞俗世，吾师驾鹤从孔贤。
柳堤狂雨地垂泪，园桂落花天有怜。
毫墨细文穷许段，箪瓢粗食比颜渊。
先生去后川原寂，从此不闻歌古弦。

（四川师范大学文学院，四川成都，610068）

悼念杜道生先生

本刊编辑部

汉语言文字学家、四川师范大学老教授杜道生先生于 2013 年 9 月 10 日去世，享年 101 岁。

杜先生字高厚，1912 年 10 月 23 日生于四川乐山县（今四川省乐山市市中区）。1920 年 8 月至 1926 年 8 月入私塾学习。1926 年 8 月至 1927 年 8 月于乐山县立高级小学第 22 班学习。1927 年 9 月至 1930 年 7 月于乐山县立初级中学学习。1930 年 9 月至 1933 年 7 月在四川大学附属中学高中文科一班学习。1933 年 9 月至 1934 年 8 月于四川大学中文系第六班肄业。1934 年 9 月至 1935 年 8 月于北京辅仁大学国文系肄业。1935 年 9 月至 1937 年 7 月在北京大学中文系语言文字专业组学习并毕业。抗日战争爆发后，辗转回乐山，先后在乐山、成都等地任中学教师和私馆教员。1942 至 1948 年间，曾在四川乐山入门受教于儒学大师马一浮先生。1950 年 2 月至 1951 年 8 月，任乐山一中教员兼副校长、校长。1951年9月至1956年8月，任乐山三中副校长、校长。1956年9月调入四川师范学院（今四川师范大学）中文系任教，历任讲师、副教授、教授。1987年9月退休。

杜道生先生生于乱世，亲历传统文化与新文化之嬗变，旧学根基深厚，又得新学文化滋养。曾亲聆钱穆、胡适、沈兼士、余嘉锡、闻一多、朱光潜、顾颉刚等名师教诲，并考上沈兼士先生的研究生，后因抗战中断。从此走上以《说文解字》研究为中心的汉语言文字研究之路。杜先生能背诵《说文解字》，熟读《段注》，对许多段落都能成诵。杜先生参加大型字典《汉语大字典》编撰，为审稿编委。为四川省语言学会理事。杜先生著述待整理，现有（不完全统计）：《论语新注新译》（中华书局，2011年），《说文段注义例辑略》（待刊），《汉字：人类心灵的几何学》（《华侨日报·文史双周刊第24期》，1982年11月23日），等等。

杜先生从教50余载，仁心古道，为人师表。授业解惑，诲人不倦，桃李满天下。杜先生一生信奉儒家学说，且努力实行。安贫乐道，淡泊名利，生活俭朴，厚道助人。是后辈之表率。

杜道生先生千古。

论陈述语气词“呢”的主观性①

何文彬②

摘　要　现代汉语普通话中写作“呢”的语气助词可以分为陈述性和疑问性两个。陈述语气词“呢”，从语义范畴标记角度看，可视为与语气助词“的”和“了”分立的虚词，标记一种主观的认知处理，指向事物的状貌。其一般语用功能是特别指明事物的状况，使句子具有“夸张”色彩，而其话语上的回应和礼貌等功能，则使其具有某种交互主观性。

关键词　呢；认知处理；状况；主观性；语气助词

---

①　国家社科基金青年项目“现代汉语语气助词的主观性和主观化研究”（09CYY033）项目成果。

②　作者简介：何文彬，1971年生，男，江西瑞昌人，四川师范大学文学院副教授。

一、问题与思路

现代汉语普通话诸语气助词中，“呢”是重要的成员，也是特殊的成员。重要性主要体现在它属于基本语气词①，其特殊性更值得我们注意，主要体现在两个方面：一是与“的”和“了”不同，“呢”的语气词身份一般不受质疑；二是到底有几个“呢”却有争议②。现在有两种观点，传统认为有非疑问语气词“$呢_1$”（本文称陈述语气词）和疑问语气词“$呢_2$”之分，黎锦熙[1]、王力[2]、吕叔湘[3]、江蓝生[4]、陆俭明[5]等都持此观点，朱德熙[6]认为还有表时态（“持续”）的语气词“呢”，这样就有三个，不过朱先生的观点似非主流；另一种是认为只有一个“呢”，不认可疑问语气词“呢”的存在，胡明扬[7]、屈承熹[8]、邵敬敏[9]、徐晶凝[10]等持此观点。此外，即使撇开疑问功能，单是陈述语气词“呢”，其功能也是多样的，如表示持续、能指明事实、提醒说话人注意某一点、带夸张或精警语气、具有礼貌作用等，这些功能之间具有怎样的联系也没有得到详细说明。

这些研究现状表明，我们对“呢”的基本性质、主要功能以及它们之间的关系还有必要进一步探索。根据目前的认识，我们认为应该区分陈述语气词“$呢_1$”和疑问语气词“$呢_2$”，因为它们有功能上的显著区别，来源上可能也不一致。本文的目的是讨论陈述语气词“$呢_1$”，这里先简略讨论为何要区分“$呢_1$”和“$呢_2$”。

---

① 一般认为“的、了、呢、吗、吧、啊”是基本的语气词。

② 虽然“的”和“了”也有分为几个的问题，但一般不否认即使可分也有内在联系，是分化关系，而“呢”则可能有不同的来源。

首先，从功能方面看，陈述功能和疑问功能具有明显的区别。陈述句“他来了呢。”和疑问句“他来了呢?”、“他什么时候来呢?”的功能差别是非常明显的。前者输出某种新信息，后者则是索取某种信息。从人类语言疑问句的基本分类看，一般疑问句和特殊疑问句是基本的类别，普通话一般分别用“吗”和“呢$_2$”来辅助表达这两种不同的疑问类型，如果不能取消“吗”的疑问语气词身份，那么取消“呢$_2$”恐怕也是不合适的。邵敬敏等学者认为“人呢?”这种疑问句中疑问语气也不是由“呢”来表示的，但为了证明这一点颇费周折，不若说“呢”表疑问语气更简单、更好理解。从理论原则上说，我们也不能认为，一种功能只能由一种形式表示，所以即使疑问语气可以一般地由语调或语序调整来表达，也不能就此否认“吗”和“呢$_2$”也具有疑问功能。

其次，从“呢$_1$”和“呢$_2$”的历史来源上看，有学者研究指出，“呢$_1$”来源于“在”、“里”或“在里”（吕叔湘[11]、江蓝生[4]），“呢$_2$”来源于“聻”（江蓝生[4]、蒋绍愚[12]、太田辰夫[13]），这些实词性成分意义虚化后，语音也发生变化，与“尼”字音同或音近，现在统一写作“呢”，北京话有时写作“呐”，则可能与后带“啊”有关。

正因有这些功能和内质的不同，我们还是将“呢”分为表陈述语气和疑问语气两个，它们还可以细分，但细分后的功能是有内在联系的，如具有某种话题标记作用的“呢”，我们认为它是从疑问语气发展出来的。下面专门讨论陈述语气词“呢$_1$”，为简便起见，一般地称为“呢”，特殊情况下则称“呢$_1$”，区别于疑问语气词“呢$_2$”。

如上所述，陈述语气词“呢”的功能也是多样的，学者已经指出了“呢”的一些功能，其中两种功能常被传统型研究提及，即表持续和指明事实而略带夸张，《现代汉语八百词》[14]可为代表；此外较新的研究强调“呢”的话语功能，主要涉及听说双方，如提请说话人注意（胡明扬[7]、邵敬敏[9]、徐晶凝[10]等），屈承熹[15]称“呢”为“接续虚词”，表示“目前的谈话内容是接着先前的交谈而来，或者是接着交谈者彼此之间的某种共识而来的”，因此它的语意及功能，无法由它所出现的一个单一句子来确认，此外屈承熹还提出“呢”有礼貌作用，也值得我们注意。

稍加整理，可见陈述语气助词“呢”有三个方面（或三个层次）的作用：

1　可单用于句尾，也常和“正、正在、在（那里）”或“着”等相搭配，朱德熙[6]称此种“呢”的功能为表持续，显然将其与某种体功能联系起来。《八百词》举例如下：

他睡觉呢。他们都在干活儿呢。他正在房檐下站着呢。我正念叨着你呢。外边下着雨呢。

2　指明事实而略带夸张，常与“可”、“才”、“还”等配合使用。此种“呢”一般被称为语气助词。《八百词》分别举例如下：

（1）可 ＋ 形 ＋ 呢

这塘里的鱼可大呢。今天可冷呢。王府井可热闹呢。

（2）才 ＋ 动 ＋ 呢

老师，北京才好呢。我倒没什么，你们才辛苦呢。晚场电影八点才开始呢。

（3）还 ＋ 动 ＋ 呢

他还会做诗呢。亏你还是个大学生呢，连这个都不懂。

3 能协调听说双方关系，具有话语接续功能，具有礼貌作用。此种“呢”一般被称为话语标记[①]。

学者指出“呢”具有这些功能都有一定的道理，因为它们描写了“呢”在某个层次或某个角度的功能，但进一步的研究则应指明它们之间的联系，分清层次，更重要的是找出“呢”的内在的、基本的功能，否则只是简单的事实罗列，不能发现深层次的东西。本文拟从主观性角度探讨“呢”的表意本质或基本功能，并用来解释它在不同层次的功能和句法表现。

根据我们对语言符号主观性的探讨和对“的”、“了”等虚词研究所得出的经验，许多虚词属于一种范畴标记[②]，标记认知对现实所作的某种处理，主观性是其重要特征。认知处理会得出来某种类型的意义，联系某类现实，这时就有了客观性。认知处理生成的意义与符号形式结合，形成不同层次的符号意义，此时俗谓语义；语义进入运用后，又带上不同的信息语用功能。所以，这种虚词可以而且应该从不同的层次去具体讨论其意义或功能，不能简单地概括为某一种意义或功能，不能无视各意义或功能之间的联系。

这里要特别指出，任何语言范畴，无论是实词性范畴还是虚

---

① 这种话语功能不包括位于句中的、所谓的话题标记功能，因为我们认为此种功能与“呢$_2$”有联系。

② 一般认为，汉语与印欧语在语法上的主要不同是，印欧语多通过形态变化来表达各种语法意义，而汉语则多通过语序和虚词来表达。因此我们可以合理地推测，汉语的部分虚词是类似于印欧语形态的成分，形态成分表达的意义可以概括为语法范畴，那么汉语的一些虚词也与范畴表达有关。本文假设“呢”和“的”、“了”都是这样的虚词。不过我们也应该认识到，汉语的虚词的类别非常多样，不是任何一个虚词或一组虚词都能明确地概括为某个语法范畴的。

词或形态指向的范畴，都有二重性，即既有客观性，也有主观性。一方面这些范畴有一定的客观基础，如名词作为一个范畴，其基础是客观世界存在的各种具体事物，它们是我们认识的主要对象；另一方面名词也是人脑主观处理的产物，所以也有抽象名词的存在，抽象名词其实就是被主观地处理为“对象”的成分[①]。与实词的“被处理”不同，虚词作为范畴，它们直接或间接标记的就是“处理”本身，或者说虚词标记的就是范畴，它们对实词性成分进行认知处理。如“的”常能标记某成分是某对象的特征，而“特征”就是一个范畴，特征范畴在词汇层次上通常体现为形容词。研究虚词一般应重视其主观性，但其客观性也不容忽视，它也有多种体现，经过处理后能为听话人理解的意义与主客观世界密切联系，自然有其客观性，范畴也有客观世界的原型或基础，如名词范畴的原型是具体事物，特征范畴的原型是事物的性质，这些都是客观的。此外认知处理也是一种实际存在的人脑的机能，也有某种客观性。

概括地说，任何范畴，特别是虚词（包括词缀和形态）标记的范畴，首先应该包括两个密不可分的部分，一个是主观的认知处理，另一个是认知处埋的结果，也就是处理出来的类别性意义。认知处理可以理解为某种动作行为，最一般的处理行为就是“标记”，而意义则是多样的，如“特征”。所以，我们既可以笼统地将行为和结果结合起来，如说“的”是“标记对象的认知特征”，也可以分别从处理行为和处理结果两个角度来定义或称说

① 所以表达动态过程的行为动词也能被主观地看作“对象”，有的语言通过形态或词缀方式将这种主观化过程表达出来，这种形态或词缀就是范畴化标记。汉语的很多虚词，如“的”，也是这样一个类似于形态或词缀的范畴化标记。

范畴，这时“标记”就显得太抽象，不过很多人正是这样用的，都说某虚词是“标记”（既是行为也是结果）；从便于理解的角度看，从意义角度称说可能更容易把握，如说“的”是“特征”范畴，或者说是“特征范畴标记”，这时既提及了“处理”（标记），又突出了意义。

顺着这个思路，如果我们假设“呢”也是表达某个范畴的虚词，它是现代汉语中具有特色的范畴标记，那么就应该先找出它表达什么范畴，分析它代表何种认知处理，表达何种类型的意义，然后再讨论这个范畴如何在语言的各个层面表达出来，也即讨论它的语义和语用功能。

二、“呢”的认知语义功能：（特别）呈现（事物的）状貌

那么“呢”属于何种范畴呢？我们认为可以从不同的角度和层次来称说，但从现代汉语陈述句的全局看，比较具体、比较典型、比较全面的称说应该是“（特别）呈现（事物的）状貌”。下面简要分析我们持此观点的理由。

2.1　从具体性方面看

《八百词》提出“呢”的主要功能之一是“指明事实”，这其实也是有道理的，单从构成上看，“指明”对应于“动作”，而“事实”则指向“意义”。不过这种概括过于抽象，不能很好地反映“呢”的个性，也不能反映虚词的认知特性。比《八百词》更抽象的是一般所谓的“陈述语气词”，其中“陈述”就是一个功能，它比“指明”更抽象，而“语气”虽然是中心语，不妨也理

解为一种结果或产物，即在陈述行为中产生的语气。这些概括是有意义的，正如我们可以说一条狗是一种“动物”或“东西”。

显然，陈述句，无论有没有相关语气助词，它们的主要功能就是陈述或指明“事实”，而相关语气词的作用就是辅助陈述。“事实”是一个非常抽象的范畴（如果也可以称为“范畴”的话），不同语气词辅助表达不同的事实，只不过“呢”具有特殊性。试比较：

A 他不喝酒了；他不喝酒的；他不喝酒呢。（他才不喝酒呢；*他才不喝酒了/的）

B 他不喝酒了呢；他不喝酒的呢。

C *他不喝酒呢了；*他不喝酒呢的。

这三组句子表明，“呢”的特殊性在于，它一方面可与“了”和“的”平行（A 组），另一方面又可以涵盖“了”、“的”所陈述的“事实”（B 组），反过来则不行（C 组）。也许正是基于“呢”的这种进一层的抽象，《八百词》才提出了“指明事实”的观点。不过，要真正明白“呢”的认知语义功能，我们还必须弄清 A 组句子中“呢”所表达的具体范畴，因为这才是它的个性。

那么“呢”的个性是什么呢？陈述句所表达的事实是多种多样的，甚至是无穷的，我们的语言系统事实上是对它们作了一些概括和分类的，尽管不同的语言或方言可能有不同的概括和分类，例如英语句子谓语动词有“一般”、“进行”和“完成”等所谓“体”的不同，也可以看作是一种分类。在现代汉语陈述句系统中，我们已经证明了“了”[16]和“的”（待刊）的认知语义功能和相关的语用功能，前者主要表达动态性事实，后者表达以属性特征为典型的内在性事实，其实更典型的、外在的、因而也更容易把握的事实还不是这两类，而是“呢”所关联的事实，也就是不管前、不管后也不管内的事实，也即“显然”的、“一望可知”的事实①。最典型的事实可能是眼前的、能直接“看见”的事实，就要认知的事物而言，这种事实就是事物的外在状况。在现代汉语的相关词汇中，指称此类事实的词语有不少，如“面貌”、“外貌”、“状况”、“现状”等等，我们用“状貌”来指称。将事物的“状貌”特别“呈现”出来，就是“呢”的具体的认知语义功能，也是它的个性。其中“呈现”是认知处理动作，“状貌”是处理（呈现）出来的意义。

因此，下面对“呢”的三种定位是抽象程度不一的：

陈述（语气词）——指明事实——呈现状貌

胡明扬[7]、邵敬敏[9]等学者提出“呢”是点明某一点或提醒注意某一点，比“指明事实”要具体些，但仍然不足以反映“呢”的个性。

2.2　从典型性角度看

之所以说本文对“呢”的概括是典型的，可以从两个角度看。一个是“呢”字句自身的角度，一个是对比的角度，即从陈述句系统分类角度看，也就是与“了”和“的”的进一步的对比角度看，而这两个角度又是有联系的。

从自身的角度看，有些“呢”字句是表达事物的具体状貌的，状貌的典型特征是可见性，可感性则是延伸特性。因此，“这塘里的鱼可大呢”、“门开着呢”、“他睡觉呢”之类的句子是典型的，“今天可冷呢”、“你们才辛苦呢”等则较为典型，而

① 《中国文法要略》(268)：“呢”字是说事实显然，一望而知。

“晚场电影八点才开始呢”等则很不容易理解为状貌，因其不是具体的可见可感，只能用“事实”来概括。那么为何还以“状貌”来称说呢？这与我们对语言范畴的理解有关。简单地说就是，语言里的范畴既有客观性，也有主观性，其中客观性是基础。例如名词作为一个范畴，一般指客观世界中存在的具体事物，这就是名词的基础，也是名词中的“典型”，而抽象名词则是认知处理的产物，是认知为了理解和表达复杂的世界所作的认知处理。抓住了客观性的典型，也就抓住了根本和源头。因此，我们虽然不能说名词的意义就是具体的事物，但以具体事物为标本来解释名词显然比以抽象名词来解释名词更让人容易理解。我们认为，“呢”字句中，“状貌”就是具有典型性的（一望可知的）表意类别①。

从对比的角度看，我们用“面貌”，是为了以一组具体可感的概念来区别“呢”、“了”和“的”在陈述句中的作用，这些可感的概念是互相联系而又互有区别的，从中可以看出普通话陈述句分类的基本格局。这种格局的具体情况，我们将专文讨论，这里只提出一个基本的对比。

简单地说，我们运用语言来传递信息，尤其是传递有关客观世界事物的信息，这正是陈述句的典型功能。信息是无穷无尽的，但语言会有适当的概括和分类，从世界语言范围看，陈述句中一般通过“体”的变化来表达不同类别的事实，但不同语言又有不同的策略。就现代汉语语法系统看，我们认为，“了”、“的”

① 般所谓的范畴的家族相似性，其实正是范畴既有客观性又有主观性的体现[17]。

和“呢”这三个语气助词所支撑起来的陈述句的格局，具有鲜明的“具体性”和“可感性”。具体而典型地说，它们的分工如下：

“了”（移动位置）：事物“点位”的变化

到北京了（空间移动）、快放假了（时间移动）

“的”（深挖特征）：事物“内在”特征

这苹果酸的（性质特征）、生活是幸福的（状态特征）

“呢”（呈现面貌）：事物“表面”状况

门开着呢、鱼可大呢、他正吃饭呢

我们当然不能说“了”只是表达事物在时空位置上的移动，但不能否认这是其典型。根据上面的概括，现代汉语普通话的陈述句，就其典型表达的分类而言，可以从空间特征上来分别。“了”表达事物在时空位置上的移动变化，“的”则探究事物的“内在属性”，而“呢”则集中关注事物的表面状况，三者分工十分明确。因为“呢”典型地关注事物的“表面”，所以我们以“状貌”来概括其典型意义。

2.3　从全面性角度看

前面说过，范畴代表一种认知处理，这种处理必然有其产物，如“了”代表的典型处理是“移动”，其产物（意义）典型者是时空的移动（学者一般概括为“事态变化”）。所以我们可以从三个方面来称说一个范畴的特征：一个是“处理”角度，一个是“产物”角度，一个是综合角度。

如果从“处理”角度看，“呢”的功能就是“呈现”，“陈述”、“指明”、“点明”、“标记”等是抽象程度不等的“功能”名称。这一点上文从具体性角度已经作了分析。这里补充一点，典型的“陈述”或“指明”，我们甚至可以通过“说”、“指出”等词汇性成分表达出来，如果没有这些成分，那么句子是以默认的方式“陈述”或“指明”的，这种方式常常通过有关成分实现，如“门开着”，如加“呢”，则我们感觉到说话人明确地“指明”了“门开着”这一点。也就是说，“呢”通过某种方式实现了陈述功能，这种方式具体地说就是“呈现”，它将“开着”的状况“呈现”出来。

从产物角度看，“呢”表达的就是“状貌”，我们可以说“状貌”范畴。上面说过，“状貌”与“面貌”、“现状”、“状况”等词都密切相关，但“状貌”概括性适中，兼顾了典型性。所以，如果说“了”可以称为“事态助词”（相当于事件变化）的话，那么“呢”的比较容易接受的、具体性较强的表述应该是“状貌范畴”。

从综合角度看，我们可说“呢”的认知语义功能是“（特别）呈现（事物的）状貌”，这时兼顾了“产物”和“认知处理”，如说为“状貌范畴标记”，则也是一种兼顾，因为“标记”也有某种“处理性”，只是不太具体。

用“特别”是因为这种呈现不一定要“呢”来实现，这一点我们将在“呢”的语用特征中进行分析。

三、“呢”字句的表意类别和特性

如果认可“呢”的具体而典型的认知处理功能是“呈现”，那么这种处理就会有一定的产物，也就是说话人通过“呢”要呈现某种内容。例如“了”代表某种“移动”处理，其典型的产物是事态的时空变化，也即典型地表达事态变化的意义，“的”代表“深挖”处理，其典型的产物是事物的属性特征。上文指出，“呢”的典型产物是“面貌”或“现状”，但这只是一般的典型的意义，要全面了解“呢”的表达内容，我们还要全面考察所有的“呢”字陈述句的表意类别，例如我们要解释为何动词带“着”字的句子常用“呢”，正如要全面了解“了”，还必须解释为何有“太难了”这种用法。

要讨论这个问题，有几个角度。一个是如我们讨论“了”时所做的，对“了”字句的表意类别进行分类，虽然其表意是开放性的，但我们概括了主要的四类，分别是“$了_{变}$”、“$了_{知}$”、“$了_{决}$”和“$了_{感}$”。[16]另一个是如我们讨论“的”时所做的，既讨论带“的”的成分和句子的表意类别，也讨论“的”的使用层次。本文讨论“呢”，我们略作变化，即主要通过概括表意特征来分类，这种概括主要通过考察与“呢”共现成分的特征来实现，第四部分再讨论“呢”的使用层次。

之所以这样做，一方面与我们一直以来对“状貌”范畴不太重视，因而对其特征缺乏概括有关，本文将较全面地讨论这个问题；另一方面与我们对范畴及其表达形式的关系的认识有关，因为我们对范畴及其表达形式的关系持比较宽容的态度。按照传统语言学的观点，范畴是由形态变化所表达的，我们则认为像“状貌”这样较为宏观的范畴，表达它的形式是松散的、多样的、多层次的，不同类别的形式从不同的层次或角度体现范畴的特征。这些形式可以是实词，可以是虚词，也可以是某种成分或某类句式。它们虽然可以单独表达，但因为具有内在的一致性，所以也经常共现，形成某种常见的搭配，正如强调句中“是”经常和“的”搭配一样，我们将这种共现称为“亲合性”。根据以往的描写研究，与“呢”亲合的成分主要有助词“着”（虚词），有副词“在”、“还”、“才”（半虚词），形容词、非动作动词“有”、“在”、“是”（实词或句式）等。

这些与“状貌”范畴表达密切相关的成分中，“呢”具有某种统括性，而其他共现成分则分别表达“状貌”范畴的分类特征，据此我们可以对“状貌”范畴的表达内容进行次类划分。

3.1 事物及其一般状况：静态性（形容词性、弱动词性）

“呢”字句的典型功能是呈现事物的“状貌”，状貌一般与动作行为没有直接的关系，动态性不强，多由形容词来表达，所以形容词充当谓语核心的句子多与“呢”亲合。如“这苹果很红呢”、“这苹果很酸呢”、“这里的冬天很冷呢”。

事物状貌的自然延伸就是“状况”，因此状况表达是“呢”字句的重要功能，甚至已经发展为主要功能。有些动词的动作性很弱，典型的如“有”、“是”、“在”、“像”等，它们充当谓语中心的句子一般表达事物的状况，所以也与“呢”亲合①。显然，这些动词的主要功能是表达事物所处的状况的。这些状况的重要类别是空间存在状况，经常由“有”、“在”和“是”来表达，这类表达与“呢”的亲合是容易理解的。如“桌上有很多书呢。书在桌子上呢。桌子上都是书呢”等。

事物的所属也是重要的状况，表达领属关系也是“有”和“是”的重要功能，如“他有很多书呢”、“他是个好人呢”、“这些书是他的呢”。

---

① 学者已经指出：“的”字的应用很有限制，我们绝对不说“我是一个学生的”或“他吃着饭的”，也不说“这个地方远的”，也不说“我有两个哥哥的”（除非说“我原来有……的”），这些处所却正是另一语气词“呢”字最常见的地方。[3]

“像”字句经常表达事物的状貌，所以也与“呢”亲合，如“看样子他像个教师呢”。

这里简要补充说明一点，“是”一般与“的”亲合构成“是…的”结构，为何这里又说它与“呢”亲合呢？原来这两种亲合在不同的层次。“的”是直接标记事物的（内在）特征，如“这苹果是酸的”，也就是说“的”主要是附着在表达特征的成分上，而“呢”则是就整个状况表达而言的，如“这苹果是酸的呢”，所以“是”与“的”的亲合是内层的，更内层的“的”则与“是”没有直接关系了，如“他是个卖菜的”；与“呢”的亲合是外层的，是就事物整个静态属性而言的。

3.2　持续动作与状态：持续性与现时性

动词一般表达有关事物的动态性信息，现代汉语中，与动词最亲合的助词是“了”，时间副词中，与“V了”结构最亲合的是“已经”。当动词带助词“着”时，则与“呢”亲合，相关副词是“正（在）”。“V着”与“呢”亲合，因为“着”一般表持续，当动作持续时，事物也就是处于一个相对稳定的状态中，这与相对静态的“状貌”范畴就有了共性。这种“V着”进一步发展，就产生了状态表达义，如“门开着呢”，甚至产生存在义，如“门口围着一群人”。

正因“着”与“呢”具有亲合性，二者经常共现，所以产生了“着呢”这样的复合式语气词。“着呢”一般认为后附于形容词，如“天冷着呢”（不能说“天冷着”），其实动词后面有时也不妨这样理解，如“雪正下着呢”。

“正”与“着”、“呢”的亲合，表明持续的状态往往就是现时性状态，此时可以称为“现状”，如果是其他时间词语，如

“北京去年冷着呢”，则表达特定时间的状况。这说明“呢”表达的核心是状况性。

《八百词》说“他睡觉呢”的“呢”是“用在叙述句的末尾，表示持续的状态”，与朱先生的观点相通。那么这里的“呢”是否就是代替“着”的功能呢？因为还可以说“他正睡着觉呢”，所以也可以认为“呢”只是表达事物的状态，状态的典型特征之一就是持续或维持，虽然它也可以变化。

既然典型的状态是具有持续性，那么也就可以理解副词“还”也与“呢”亲合。如“他还在图书馆呢”、“你今后的路还长着呢”。《八百词》描写“还”的第一个义项是“表示动作或状态持续不变；仍然”，这种意义正与状态范畴相通。

3.3 起始的状貌：与“才”的亲合

《八百词》描写“呢”时，特别指出与副词“才”的亲合性，如“老师，北京才好呢。我倒没什么，你们才辛苦呢。晚场电影八点才开始呢”，在描写“才”时也特别描写了其与“呢”的亲合性，如“这才好呢！我才不去呢！”之类。值得注意的是，这种句子多表达较为强烈的语气（“强调确定语气”）①，其原因我们将在后文结合语用因素分析。实际上，就是普通的“才”字句也与“呢”是亲合的，如“我才从上海回来不久（呢）”、“他明天才能到（呢）”，不能说“我才从上海回来不久了”、“他明天才能到了”。

“才”是现代汉语中用法复杂的副词，学者关注颇多，但对

① 张谊生（2000）也特别指出这一点，认为这种“才”表达申辩语气[18]。

其主要功能目前学界尚有分歧①。本文不拟全面讨论它，只想指出，“才”与“呢”的亲合，与“状貌”范畴的相关特征，尤其是起始性有密切的关系。读者可能会问，刚才说“状态”具有现时性，为何又有什么“起始性”呢？我们认为，一方面，起始性与现时性并不矛盾，状态起始后总能维持一段时间，“雪才下”可能意味着“雪正在下”；另一方面可能更重要，我们说与状貌典型相关的动词是“呈现”，当一种状貌呈现出来并且为人所注意时，经常就是它“起始”的时候。也就是说，就时间性而言，不但眼前的、现存的、维持着的状态是为人注意的，它的起始甚至更值得关注，因为其信息意义更强。

3.4　“呢”的主观性

前面说过，任何范畴都既有客观性，也有主观性。主观性的体现是多方面的。就“呢”所代表的范畴而言，首先它能将有关事物的信息“范围”在一个抽象的“状貌”范畴内，其他成分，如“有”、“正”、“着”、“才”等只是从不同的角度来具体表达范畴的某些特性，这就体现了它的主观概括性。其次，“呢”能够进一步抽象，将事物的动态性特征和内在性特征也概括为一定的状貌特征。如：

他喝酒了。——他喝酒了呢。

他喝酒的。——他喝酒的呢。

之所以能这样概括，是因为状貌范畴既可以典型地表达事物外在的维持性特征，也可以将其动态结果和内在特征“呈现”给

---

① 张谊生（2000）、陈立民（2005）[19]等可为代表，前者如《八百词》强调分，陈文则强调合。

听话人。所以“呢”的句法位置更靠外，从这一点看，“呢”的主观性要甚于“了”和“的”。

有关“呢”更重要的主观性，我们将在下文专门进行分析。

四、“呢”的语用功能与（交互）主观性

4.1 语义和语用：客观性、主观性和交互主观性

语言表达有语义和语用两个基本层次。语义层次所表达的既有客观的所指，也有主观的认知处理。例如“下雨”是客观的现象，而“下雨了”和“下雨呢”则是将同一客观现象进行不同的主观处理，前者侧重其动态性，后者侧重状貌性。不管是客观的还是主观的，其共同特点是都有一定的现实所指，事物自身具有动态性，也有一定的状貌。也许正是在这一点上，有人不认可“了”（包括“的”）的语气词身份，“呢”因为涉及面更广，一般不受怀疑，但有人认为它能表“持续”。根据本文的分析，“呢”确能表达跟语义有关的内容。

语用层次与语义层次既有密切联系，但性质不同。联系在于，语用表达一般要建立在语义的基础上，不同之处在于，语用的核心在于运用。运用的前提是需要，现实现象再多再新奇，如果某人对此完全不感兴趣，就无需告诉他。所以语言运用必须考虑需要，然后盘算如何更好地满足这种需要。因此语用的基本成分或要素就是“需要”和“满足”，一般所谓的话题，其核心功能是提出需要，而焦点则以其鲜明性和凸显性而能满足听话人的需要。

语用需要是多种类多层次多角度的，就陈述句而言，最基本

的需要有两个角度和两个层次：听话人角度，内层是对主客观现实了解的需要，外层对说话人感情态度了解的需要；说话人角度，内层是信息告知的需要，外层是感情态度抒发的需要。说话人正是根据这些需要来选择和调整（经营）自己的表达内容和方式。

这种因考虑听说双方语用需要而对语言的经营，可借用当代语言学的“交互主观性”概念来分析。交互主观性可能先是由哲学家提出的概念，胡塞尔的现象学对此的观点是：

就交互主观性的分析而言，狭义上的交互主观性涉及诸如对他人身体的构造分析，对他人心理体验的构造分析，对社会交往行为的构造分析，等等。广义上的交互主观性还包括如时空客观性的构造分析，自然界和精神世界的构造分析，交互文化（Interkultur）理解的构造分析，等等。[20]

语言学上的交互主观性概念范围比哲学上的要小得多，可能属于狭义交互主观性的一部分。Traugott 的观点是：

The term intersubjectivity refers to the way in which natural languages, in their structure and their normal manner of operation, provide for the locutionary agent's expression of his or her awareness of the addressee's attitudes and beliefs, most especially their "face" or "self－image".（交互主观性是指自然语言在结构上和正常操作方式中，为表达者提供他/她对听话者的态度和信念——特别是听话者的面子/自我形象的关注的一种

表达方法)①

根据我们对语言主观性的理解，语言主观性的体现是多方面的，其核心是语言符号的形式和意义会随着说话者（个人的和所属社会的）因素而改变，这比语言学上对主观性的理解要宽泛得多。(Traugott：The term subjectivity refers to the way in which natural languages, in their structure and their normal manner of operation, provide for the locutionary agent's expression of himself and his own attitudes and beliefs. 主观性是指自然语言在结构和正常运作中为表达者提供表达自己和自己的态度、信念的方式)[21]。

而根据我们对主观性的界定，交互主观性是主观性的一个小类，是指说话人根据语境临时所作的话语安排。我们的界定比Traugott 的以照顾听话人“面子”为典型的界定要宽，角度和内涵也有所不同。总体来说，我们对主观性的界定接近于Langacker 的认知理论，[22]而对交互主观性的界定接近于一般的（认知）语用学。

就现代汉语而言，陈述语气词的使用既有客观语义基础，也有主观的认知处理因素，这些都是前面讨论过的，下面简要讨论“呢”在信息语用方面的作用。

4.2　“呢”的语用强化功能：夸张语气的来源

根据第二、三部分的分析，“状貌”范畴典型地表达事物的现时的（或起始的）、静态的、外在的状况，因此属于语义范畴。

---

① Traugott 2006 年于中国社科院语言所报告：主观化、交互主观化与语法化的交汇，孙朝奋译，未刊。

状貌范畴的表达可以涉及多个方面，具有多个特征，可以通过不同的符号形式，从不同的角度或在不同的句法位置进行表达。在这些表达成分中，“呢”的位置和性质比较特殊。

从位置上看，“呢”只能处于句尾①，不能充当一般意义上的句法成分。因此“他睡觉呢”和“他睡着觉”虽然在语义上基本相同，但在句法分析上有所不同。位置的不同可能意味着性质和功能的不同，我们认为“呢”虽然在语义上与事物的“状貌”表达密切相关，此时我们称其功能为“呈现”，但其作用域主要是在语用上。也就是说，“呢”主要满足说话人传递事物“状貌”的需要，或者说满足听话人对事物状貌了解的需要。此时可用一般所谓的“指明”或“提醒”来称谓其功能，“指明”侧重说话人的主动，“提醒”包含听话人的存在。

从语用成分上看，如果将“需要”和“满足”看作基本成分的话，那么“呢”用在“满足”部分，也就是传统所谓的“谓语”上，说话人不用“呢”，多数情况也能表达事物的状貌义，而用了“呢”，就能“特别”指明或提醒听话人它“呈现”的是事物的“状貌”。从这种角度看，“呢”是一个语用强化标记，它用在谓语上（或者说句尾），能特别地提醒听话人有关事物的状貌性信息。

从主观性上看，因为“呢”的使用与否，主要是看说话人是否有特别表达自己的需要，或特别满足听话人的需要，因此其交互主观性较强。

---

① 在具有疑问语气的句子中，“呢”能在“吗”前，表达一种信中带疑的语气。[23]

传统研究一般强调“呢”具有“夸张”性。《中国现代语法》说“呢”表“夸张语气”：凡言过其实，或故意加重语气者，叫做夸张语气。《中国文法要略》认为“‘呢’字之表确认，有指示而兼铺张的语气，多用于当前和将然的事实”，《八百词》沿用这种说法，认为能“指明事实而略带夸张”。

那么这种“夸张”语气是怎么来的呢？我们认为应该从两个层次来看。第一层次是“语气”是怎么来的？其实凡具有语用强化功能的成分都有这种语气特征，且不说“啊”和“吗”这类词汇意义微弱的语气词，也不说“居然”、“况且”之类的语气副词，就是“了”、“的”也有这种特色，如《中国现代语法》认为“了”表“决定语气”，“的”是“表明语气”。有些学者不认可“了”、“的”和“呢”的语气词身份，就是只重视它们的语义范畴功能，没重视它们用在语用层次时产生的特殊东西。正是说话人在交际中特别的强化才产生了某种语气特征。

第二层次是，为什么“呢”是“夸张”语气？这与“状貌”范畴有直接关系，或者说对状貌的特别强调典型地具有某种夸张特征。“夸张”就是“夸大”，语言交际所带信息量越多，意义就越大，因此要特别强调状况的不简单、不平凡；从具体性方面看，我们一般说“夸张的样子”或“样子很夸张”，也就是说，“状貌”类特征被突出，是典型的夸张。进一步看，我们前面指出，“呢”能涵盖“了”和“的”，也就是把动态性状况和内在状况都向听话人“夸张”地指示出来，此时可以说是“事实”的夸张。

从形式上看，一些主观性较强的副词，往往需要语气词的配合效果才更好，也是语气强制表达的需要。试比较：

这塘里的鱼可大。—— 这塘里的鱼可大呢。

我倒没什么，你们才辛苦。—— 你们才辛苦呢。

他还会作诗。—— 他还会作诗呢。

因此，要正确认识“呢”，既要搞清楚它所表达的认知语义范畴，此时它既有客观性也有认知主观性，同时也要重视它在语用表达中的作用，以及在这种表达中产生的语气特征和夸张特征，此时它具有交互主观性。

4.3 “呢”的话语功能：回应功能和礼貌功能

语言符号的语用功能中，传统语言学多讨论陈述、疑问、祈使和感叹这些功能，当代学者常讨论的是话题和焦点等所谓的语用成分的标记功能，功能语言学还十分重视话语篇章功能，也即在组织大于句子的语言单位时所起的作用。“呢”作为一个在句子层面和话语层面活跃的虚词，它这方面的功能无疑是值得重视的。我们之前所讨论的其实主要是在陈述句层面“呢”的基本作用（“状貌”强调）和由此派生出来的“夸张”语气。对于“呢”的话语功能还没有讨论。我们相信，由于话语组织和结构的复杂性，“呢”的话语功能是丰富的，但必然不是凭空产生的，而是在其认知语义范畴表达和语用强调的基础上产生的。学者在研究“呢”的话语功能时又有两种不同的情况。

一是这些功能是由“呢$_1$”产生的，一种其实是“呢$_2$”派生出来的①，本文暂不讨论后一种功能。对于第一种功能，我们尚未及做全面考察，但注意到李讷等（1994）提出的一种观点，即

① 概括“呢$_2$”派生出来的话语功能，屈承熹（2008）可为代表。[8]屈文指出，“呢”主要标示两种不同的、但前后呼应的语篇功能：寻求与上文对比和要求继续对话。

"表示说话者对感觉到的听者的一种期望做出的反应"。[24]例如：

A：他们很穷。——B：他们有三条牛呢！

也就是说，李讷等认为这里"呢"的使用是话语功能驱动的，具有某种"回应期望"功能。显然，根据我们的分析，这种回应功能其实仍然隶属于我们前面指出的语用"满足"功能，也即满足说话人强调某状况的需要，感觉听话人需要了解某种情况，并不是听话人期望了解"他们有三头牛"这样的状况或事实。

"呢"在交互性话语方面还有一点值得我们注意，也就是在某些时候，特别是做拒绝性说明时，说话人用"呢"，比不用时似乎显得更有礼貌。这种功能可以称为"礼貌功能"。例如：

A 快来吃饭。——B_1 我不饿。B_2 我不饿呢。

显然，说话人在回应"快来吃饭"时，B_2 显得较有礼貌，语气比较和缓，而 B_1 就比较生硬，让人不容易接受，虽然两者所表达的"客观现实"没有差别①。如果这种效果是"呢"带来的，其原因是什么呢？我们认为要从更大范围去寻找。

学者已经注意到，典型语气词"啊"也有类似功能。刘月华等（2001）指出，"啊"可以用于各种各样的句子，其功能是缓和语气。[25]我们注意到，"了"也有类似功能。如某甲希望某乙留下吃饭，某乙如果想走，可说"不吃"，也可说"不吃了"，从礼貌角度看，后者显然更好，前者显得很生硬。

所以，可能是语气助词的交互性特征使它们带上这种礼貌功

① 在某些申辩性、否定性语气的句子里，"呢"似乎没有礼貌功能，如"我才不吃呢"。这可能与句式的语用特点有关，也可能跟"才"有关，如"我才不吃"也似乎不太礼貌。

能。也就是说，当我们使用语气助词时，是以意识到对方的存在、满足语境（主要是听说双方）的需要为前提的，说话人有这种意识时，其话语就更可能表现出某种互动性，正是这种互动性经常产生礼貌性。

如果说由于一般的交互性特征，和缓、礼貌最典型地体现在“啊”之上的话，那么“呢”和“了”的和缓性或礼貌性还有其语义基础。也就是说，真正的礼貌来自对听话人需要（包括信息需要和情感需要）的最大满足。所以，如果说话人通过“呢”满足了听话人对事物状况了解的需要，通过“了”满足了对动态特征了解的需要，他也是礼貌的，而情感表达可能也就蕴涵其中。如人一般都需要被尊重，不希望被生硬拒绝，“不吃了”因为用了“了”，则暗示本来是准备或可以吃的，现在因特殊考虑不能吃了。

五、总结

至此，我们已经全面讨论了陈述语气词“呢”的特征，已经将它的不同功能纳入一个有序的系统中，同时也对学者的主要观点进行了解释和整合。本文的主要观点可以概括如下：

（一）“呢”应该分为陈述语气词“呢$_1$”和疑问语气词“呢$_2$”两个。

（二）陈述语气词“呢”有两个层次的功能：认知语义范畴功能和语用功能

（三）“呢”的认知语义功能可以概括为“状貌范畴”标记，或者说它能“特别呈现事物的状貌”。这种范畴一般地具有静态性、维持性（不变性）、现时性（或起始性），因此与静态动词“有”、“在”、持续体标记“着”、副词“还”、“才”等亲合。这种范畴常用来表达事物的状况、维持的状况、起始的状况等内容。

（四）“呢”的语用功能可以从两个层次看。首先，“呢”主要用在句子层次，特别标记所表达的是事物的状貌，以此满足听说双方对此类信息的需要。在这个过程中，“呢”因其表达的多是状貌类事实而具有某种“夸张性”。其次，“呢”也有更广范围的话语功能，其中的回应功能与其语义强化功能是密切相关的，而其礼貌功能则在整个语气词的功能中得到解释。

要达成这种整合，从主观性角度定位“呢”是关键。主观性有两个层次，首先在语义表达层次，“呢”类虚词代表说话人对某类事实的抽象概括（主观的认知处理），因此属于范畴表达，范畴既有客观性也有主观性，通过对“呢”所联系的认知语义范畴的考察，我们发现了“呢”的表义个性。其次，语用表达也有主观性（交互主观性），说话人用语言来满足交际双方的需要，“呢”的语气性和夸张性来自于它用在句子层次上对事物状貌特征的特别强调，这种强调从话语层次看，又使它具有某种“回应”功能和“礼貌”特征。

参考文献：

［1］黎锦熙．新著国语文法［M］．北京：商务印书馆，1992．

［2］王力．中国现代语法［M］．北京：商务印书馆，1985．

［3］吕叔湘．中国文法要略［M］．上海：商务印书馆 1956 年版．

［4］江蓝生．疑问语气词“呢”的来源［J］．语文研究，1986（2）．

［5］陆俭明．关于现代汉语里的疑问语气词［J］．中国语文，1984（5）．

［6］朱德熙．语法讲义［M］．北京：商务印书馆．1982．

［7］胡明扬．北京话的语气助词和叹词［J］．中国语文，1981（5～6）．

［8］屈承熹．关联理论和汉语句末虚词的语篇功能［J］．华东师范大学学报，2008（3）．

［9］邵敬敏．语气词“呢”在疑问句中的作用［J］．中国语文，1989（3）．

［10］徐晶凝．现代汉语话语情态研究［M］．北京：昆仑出版社，2008．

［11］吕叔湘．释景德传灯录中“在”“著”二助词［A］．汉语语法论文集［C］．1956．

［12］蒋绍愚．近代汉语研究概要［M］．北京：北京大学出版社，2005．

［13］太田辰夫．中国语历史文法［M］．北京：北京大学出版社，1987．

［14］吕叔湘主编．现代汉语八百词（增订本）［M］．北京：商务印书馆，1999．

［15］屈承熹．汉语认知功能语法［M］．哈尔滨：黑龙江人民出版社，2005．

［16］何文彬．论语气助词“了”的主观性［J］．语言研究，2013（1）．

［17］袁毓林．词类范畴的家族相似性［J］．中国社会科学，2005（1）．

［18］张谊生．现代汉语虚词［M］．上海：华东师范大学出版社，2000．

［19］陈立民．也说“就”和“才”［J］．当代语言学，2005（1）．

［20］张宪．胡塞尔现象学交互主观性简述［J］．中山大学学报，1997（1）．

［21］沈家煊．语言的“主观性”和“主观化”［J］．外语教学与研究，2001（4）．

［22］Ronald W. Langacker．认知与否基础（Ⅰ）理论前提［M］．北京：北京大学出版社，2004．

［23］何文彬．“呢吗”是非问句［J］．汉语学习，2007（4）．

［24］李讷、Sandra A. Thompson、R. McMillan Thompson．已然体的话语理据：汉语助词“了”［A］，《功能主义和汉语语法》，北京：北京语言学院出版社，1994．

［25］刘月华、潘文娱、故韡．实用现代汉语语法·增订本［M］．北京：商务印书馆，2001．

（四川师范大学文学院，四川成都 610068）

The Subjectivity of Declarative Modal Particle “ne（呢）”

He Wenbin

(College of Liberal Art, Sichuan Normal University; Chengdu Sichuan, 610068)

Abstract: *ne*（呢）” in modern Mandarin should be divided into two categories—— the declarative one and the interrogative one. The declarative modal particle “*ne*（呢）”, as a mark of semantic category, which is regarded as a relative to the modal particles “*de* 的” and “*le* 了”, marks a subjective cognitive arrangement and points to appearance of things. Its common pragmatic function is demonstrating the situation of a thing intentionally, which makes a statement "exaggerated"; the other pragmatic function, which represents the response and the politeness, makes it a sense of inter—subjective.

Key Words: *ne*（呢）; cognitive arrangement; situation; subjectivity; modal particle

从语气词看语言的交互主观性

——以《小额》“啊”、“啦”为例[①]

陈颖[②]

摘　要　本文从交互主观性理论出发，考察清末民初小说《小额》语气词“啊”和“啦”的用法，认为它们都体现了说话人对听话人的关注，“啊”体现出的关注是随意亲近，“啦”体现的关注是夸张告知和引述告知。

关键词　《小额》；清末民初；交互主观性；语气词

① 本文写作得到以下项目资助：北京市哲学社会科学规划青年项目《大规模语料库支持下的北京话词汇系统断代构拟与历时演变研究》（11cyy042）；北京市哲学社会科学规划重点项目《晚清民国时期的北京话系统及探源研究》（11WYA001）；教育部重点基地重大项目《清末民初北京话系统研究》（11JJD740006）；国家社科基金青年项目《基于大规模语料的北京话语法系统历时演变研究》（11wyc027）。

② 作者简介：陈颖（1975—），四川内江人，四川师范大学文学院副教授，硕士生导师，北京大学中文系博士研究生，主要从事现代汉语语法研究。

一、研究目的

语气词是汉语中较为特殊的词类，意义复杂而空灵，难于把握，因而关于语气词的众多问题尚未达成一致。描写和研究语气词的方法多种多样，既有对其所附语法单位、所出现句型以及情态的分析，也有语音及语篇研究，还有从汉语史角度及第二语言习得角度所做的观察。这些都反映出语气词的研究在逐步深入。但从方法上看，现有研究无论是归纳语气词体系，还是录音转写语料，分析论证的根本方法多是从个案入手，进行推衍对比，比较相同语境中真实语句和拟测语句使用不同语气词的差异。这样的研究虽然详尽细致，但有相当的作者主观臆测成分。因此，应该对一定范围的语料进行观察，做穷尽式统计，弥补这一缺憾。

本文以清末民初小说《小额》[1]为对象，试图梳理出以书面记载为依据的语气词“啊”和“啦”的用法特征。《小额》发行于清光绪三十四年（1908），作者署名松友梅，本名蔡友梅，是早期京味儿小说家的代表人物，其作品特点是从评话脱胎，庄谐并出[2]。《小额》具有较高的语料价值，可以代表当时的汉语口语面貌。太田辰夫对《小额》语气词的描写和分析[3]都比较简单，统计结果与本文相比也多有出入。

二、理论背景

Palmer 指出，话语的参与者要表达意见和态度，和他人互动，所以就存在和话语直接相关的情态系统。世界诸语言中，有的情态系统界限分明，如恩吉亚马巴语 Ngiyambaa 中表相信的附着词分为断言、绝对断言、相对断言和假设四类，其中相对断言明显与话语相关，绝对断言则由他人话语所触发；又如南比卡拉语 Nambiquara 的话语参与者系统有两个维度——事件证实（个人/集体）和言者导向（观察/推论/叙述）[4]58-64。Bybee 将情态分为四类：施事导向、言者导向、认知和从属。施事导向反映施加给动作施事者的内部和外部条件，包括义务、必要、能力、愿望等[5]176-177。何文彬对汉语语气词做了句子语用意义分析，认为语气词在以言行事和质疑询问上、对客观世界信息的组织上和句子所带的语调声气上都体现了句子的主观性[6]。

以上研究都关注到了话语的双向性及互动特征，对我们很有启发。不过他们将重心放在说话人身上，是主观性的视角。主观性（subjectivity）是指语言含有说话人“自我”表现成分的特性。也就是说，说话人在说出一段话的同时表明自己对这段话的立场、态度和感情，从而在话语中留下自我的印记[7]739。交互主观性（intersubjectivity）则牵涉到说话人对听话人的注意，把听话人当作话语事件的参与者，而不是所谈论世界的参与者[8]22-24。英语 I will take you to school 中的 I/you 一类指示词显示出主观性，法语第二人称代词的正式形式 vous 和亲密形式 tu 的对立，则显示出交互主观性。Traugott 指出，主观性是交互主观性的先决条件，因为说话人对听话人的态度反映了说话人视角的功能[8]22。她认为，最客观的表达有以下特征[8]22-23：

1. 陈述性的，即在情态方面的标记最少；
2. 同一个事件结构中的所有参与者都在表层结构中出现；
3. 词汇项尽可能不涉及对话者的视角（即最小指示化）；

4. 以量的原则（The Q—heuristic）为主，意义取决于上下文，而不是取决于暗含的内容。

最主观性的表达有以下特征：

1. 明确的时间、空间指示；

2. 明确标记说话人对说话内容的态度，包括对命题的认知态度；

3. 明确标记说话人对说话内容前后关系的态度，即话语结构，包括其指示的各个方面；

4. 以相关原则（The Relevance—Heuristic）为主。

最交互主观性的表达有以下特征：

1. 明确的社会指示（对说话人施加给第一、二人称的指示情形有何种态度）；

2. 明确标记说话人对听话人的注意，如：避免正面作答、礼貌标记、尊称等。

3. 以相关原则为主，即意在言外。

Langacker 认为大部分主观性话语是说听双方私下的含蓄表达，而客观性话语则是明确的、公开的表达[9]12。Traugott 也提到，欧美传统使用客观性的语言来显示权威[8]21。在汉语中也是这样。人们普遍认为官腔的特点是强调而且肯定。而中共十八大选举出的新一届中央政治局常委同中外记者见面时，习近平的讲话语速适中，适度使用了语气词，便被誉为有亲民作风。这说明，语气词在表达中的作用不仅仅是加强语气或减弱语气那么简单。汉语中影响到语气词使用的因素不止有言者导向和施事导向，还包括交际中说听双方的权势关系。这种权势关系，既是固定的辈份和长幼关系的体现，也可能因特别的交际目的而发生变化。因此汉语语气词所反映的话语参与者系统是多维度的，不仅具有主观性，更具有交互主观性。

三、"啊"的音变规律及写法

《小额》语气词"啊"19处，"哇"17处，"呀"100处。总体来看，语气词"啊"的音变规律比较明确，但也有个别混用。除引用原文，以下论述中此类用法均以"啊"指代。

1. "啊""哇"分工

(1) 又听王香头唱道："你这个病啊，真不轻啊，这场儿官司打的凶啊，额少峰啊（倒是中东辙），你这个病啊，我给你瞧哇，我给瞧的准把牢哇，我给你瞧的准得好哇（又改了姚条辙啦）。"

例1中语气词的写法随王香头的唱词韵辙而变，反映出这一时期明确的、有意识的"啊/哇"分工。u韵尾后均写作"哇"（16处），只有1处"哇"在"知"后，太田辰夫认为是"知道哇"的误刻[3]294。

(2) 正这儿说着，王亲家太太搭了话啦，说："你知道不知哇？姑爷在南城打官司哪。你求求魏第老的去（不是奎第老的呀），给想个法子好不好啊？"

全文没有"好哇"，只有一处"好啊"（上例），是否例外待定。

2. "啊""哪"分工

前鼻韵尾n后均写作"哪"，只有1处写作"呀"。

(3) 老张说："刚才他说啦，是他的事情啦。太太干甚么还给钱呀？”

3. “啊”“呀”相混

[ʅ] 和 er（30 处）、其余非 u 元音韵尾后（32 处）均写作“呀”。但 i 韵尾“奶”字后“啊/呀”两可。

（4）小文子儿说：“奶奶啊，徐先生明儿个……”

（5）伊太太说：“那们你先等等儿。少奶奶呀，你给他煮出来搁着，回头那会儿饿啦，炸着吃得啦。”

[ʅ] 韵只有 1 处，写作“啊”。

（6）这句话，额大奶奶倒懂得，说：“五千两银子啊。您这们为难，我当是几万哪……”

ng 韵尾后既有“啊”（16 处），也有“呀”（9 处），“姓/峰”二字后也是“啊/呀”两可。

（7）老太太，您贵姓啊？

（8）请问阁下贵姓呀？

（9）额少峰啊（倒是中东辙），你这个病啊，我给你瞧哇。

（10）喊呀，少峰呀，这是怎么啦？

太田辰夫认为“本书的‘呀’也是表示 ra、ya 两个读音的”[3]294，结合 ng 韵尾“啊/呀”混用的情况来看，很可能《小额》的“呀”表示了 ra、ya、nga 三个读音，“啊”表示了 a、ya、za、nga 四个读音。

四、“啊”的意义

关于语气词“啊”的意义，众说纷纭。有的从不同句类观察，如北大中文系认为“啊”在问句中使语气缓和而不生硬，在陈述句中表示解释、申明、显而易见[10]55—57；有的从篇章角度看，如 Li Boya 认为“啊”强调其上下文相关[11]50；也有的试图给出统一的语义解释，如 Li & Thompson 认为其作用是舒缓语气[12]313，屈承熹称之为“关心虚词”，指该句所表述的内容代表说话者个人的关心[13]161，表示“个人介入”[14]112。《小额》“啊”的用例充分反映了说话人对听话人的亲近随意态度。

（一）呼语加“啊”

《小额》中呼语加“啊”共 20 例，均发生在亲属关系长对幼和非亲属关系权高对位低这两种情况①，既体现出说话人对交际双方地位的判定，也反映出说话人有意缩小和听话人的距离。

亲属关系中，长者面称晚辈时常常加上“啊”，显得很随意。

(11) 伊太太说：“大哥儿呀，你跟二哥儿、跟你妹妹，你们先吃吧。”

(12) 倒是明五爷说了几句大实话，说：“得了，额啦大呀，谁让你错了呢，赔个不是吧。”

长辈称呼晚辈而不加“啊”，多半是有第三者在场，不适合太过随意。

(13) 善二爷赶紧来到上屋里，一瞧原来是世交的一位大叔来了。此人姓恒，名贵，赶紧请了一个安。这位恒贵恒爷，也是本牛录上的领催，素日帮着伊老者办事（就是帮办拨什户）。伊老者说：“善全，多打点酒，你恒大叔也没吃哪。”

---

① 《小额》“名＋啊”用例中，只有 1 处不在这两种情况之列，它不是称呼听话人，与此处结论无关。

一进门儿，遇见额家打杂儿的李顺，春子说：“李大兄弟，老爷在家里哪吗？”李顺说：“老爷呀，入了北衙门啦。”

（14）善金一听姓连的两个字，不由得气往上撞，说："我倒瞧瞧这个姓连的是怎么个字号朋友。"这时候，伊太太拦可也拦不住啦，赶紧说："善全，跟着你哥哥点儿。"

下例有外人在场的情况下长辈称呼晚辈使用了"啊"，是因为票子联来闹事，伊太太为了息事宁人、缓和气氛而用。

（15）伊太太本来是个心软的人，又恐怕惹事，赶紧说："这不要紧的事情，谁都有个错儿。善全哪，你给拿三吊钱克。"

非亲属关系中权势优越的一方称呼另一方，加上"啊"也可以体现这种熟络和随意。如太医院的当红医生徐吉春给小额看病，用"啊"表现"老交情"和"不要客气"。

（16）小额说："您救救儿我啵。我盼了您好几天啦。上回我这条命不是您救的吗？"说着，爬在炕上，就给徐吉春闹了一个头。徐吉春说："嘁呀，少峰呀，这是怎么啦？咱们是老交情，不要这样子客气的。"

相反，晚辈称呼长辈或位低者称呼权高者，则不能带"啊"。

（17）小秃儿瞧见爷爷回来啦，赶紧跑过来，拉住伊老者的手说："爷爷，您回来啦？"伊老者也没言语。少奶奶说："秃儿呀，别跟爷爷闹哇，让爷爷歇歇儿呀。"又对伊老者说："阿玛，您回来啦。"

（18）外头这一叫门不要紧，伊太太心里先有三分的害怕，赶紧说："老王啊，瞧门克。"……王妈出去，功夫不大，就听说："太太，有人来啦。祥大爷来啦。"

有两个用例的说听双方关系看似违反了"长对幼"和"权高对位低"的规则。如果从"使用'啊'是为了体现亲近和随意"的总原则出发，可以较好地解释这种例外。

一个是小文子对母亲用了“啊”。他读书不多，脾气不好，对母亲拜神很不以为然。他用“啊”来拉近和母亲的距离，掩饰自己的不耐烦。

(19) 小文子儿虽然没念过多少书，可是向来不信服这些个（总算不迷信），又是个爆竹脾气，立刻说道：“老爱弄这个瞎事。这不是妖……”，“妖言惑众”没说出来，小文子儿的媳妇儿连推带瞪，说：“徐先生来了没有？你告诉奶奶去吧。”小文子儿这才来到东屋，额大奶奶刚磕完了头，小文子儿说：“奶奶啊，徐先生明儿个……”，“明儿个一早”没说出来，额大奶奶是怕老仙爷知道请大夫挑眼，赶紧说道：“回头再说吧。你也给老仙爷磕个头吧。”

同样是不耐烦，伊老者对青皮连只使用了形式上的尊称“您”，称呼时不带“啊”，反映出他的真实态度而不失礼数。

(20) 这位伊老头儿，最嫌的是放账的，更嫌这把子跑账的，一听青皮连要钱粮，心里就有三分不耐烦，说：“老二，您将就着等一等儿吧。没过平呢。”

另一例是小额求金针刘看病，虽然他居于临时权势关系中较低的一方，但为了缩小距离，所以连同称呼“兄弟”一并使用语气词“啊”，为的是希望对方“别多心”，这是典型的为求亲近而使用“啊”。

(21) 又待了两天，那天金针刘来的晚点儿，小额留他吃的晚饭，自己陪着。正吃饭的时候儿，小额就跟金针刘说：“兄弟呀，你救我这条命，我真是感念不尽。我有一句话，兄弟你可别多心，您瞧我这个疙瘩，还得多少日子才能收口儿呢？”

（二）陌生人对话用“啊”

语气词“啊”的求亲近作用，在陌生人的对话中显得更为重要和刻意。下例中一伙地痞上伊老者家道歉，伊老者的儿子善大爷是王府的教书先生，他的身份决定了对来者的客气态度，既用到尊称“您”，也用了“啊”。地痞没有文化，不懂得这些，没有用“啊”。

（22）想到这儿，才要说话，就瞧一个小脑袋儿尖鼻子的人对着善大爷说：“大哥贵姓？”善大爷说：“我姓善。您贵姓啊？”

下例小额和赵六的问答也能说明这一点。小额开始没认出赵六来，第一次询问姓名是非常客气的，使用了“请问”、“阁下”表客套，又用“啊”表亲近。后来小额知道是熟人，再次问姓名就随意多了。

（23）登时小额吓了一跳，细瞧这个人，……瞧着很透着眼生，……小额说：“我也犯不上跑。请问阁下贵姓呀？”那个黑胖子又一冷笑说：“……”小额说：“同着希四兄弟出前门，倒是有这们回事，实在的没瞧见兄弟，失照，失照。我瞧见兄弟您很眼熟，彷佛在那儿见过似的，一时可就想不起来啦，千万的要恕乎我。兄弟倒是贵姓？”

可以看到，“啊”的交际作用是缩小疏离、显示亲切，熟人之间自然运用“长对幼”和“权高对位低”的规则，在陌生人之间则刻意为之。这是说话人关照到听话人的一种表现。

（三）否定问句加“啊”

否定问句“没……啊”均为伊老者家人间的对话，句意纯粹表示疑问，语气轻柔。和“没……吗”相比，没有反诘质问的语气。这种“减弱质问语气”的效果，就是由以上所述“啊”表示亲近随意的关系带来的。

(24) 太太一边儿拉着秃儿，低声巧语的问姑娘说：“你阿玛回来没说甚么呀?”

(25) 金针刘说：“少峰大哥，你没听俗语儿说吗？穷汉子吃药，富汉子还钱……”

五、“啦”的意义

“啦”被普遍认为是“了”和“啊”的合音，也就兼具“了”和“啊”的作用[10]307。孙锡信认为“啦”是“了”的变音形式，“表示强烈肯定、强调变化”，而“了”“是平平淡淡的，不带有某种情绪的语气”[15]178。《小额》语气词“啦”的作用并不是“了+啊”的共同作用这么简单。

(一) 从“得啦”和“得了”看“啦”、“了”异同

《小额》中“得了”共16处。用在句中时或作动词，或作补语表完成，这些情况不在本文考察之列。单用的“得了”共6处，多为上对下、老对小的场景。

(26) 胎里坏说：“得了，你爱怎么说怎么说，您就想法子去吧。”

“得啦”共54例，均在句末。单用的“得啦”共7处，既有地痞要横的用例，也有亲人和熟人之间的用例。

(27) 大家夥儿一瞧，这个事要岔，赶紧直劝，说：“得啦，小连，你先溜达溜达去，回头再来。大概这也快啦。”

可以看到，“得啦”出现的环境比“得了”要随意得多。

下例值得引起注意，对同样的对象说的一段话出现了“得

啦”和“得了”，但前一句是针对外人，后一句是针对自家人，也是“得啦”比“得了”随便一些：

（28）伊太太说：“大哥儿呀，咱们他合不着，好鞋不沾臭狗屎。只要是告了饶儿，明儿个有人带他来赔个不是，就跟得啦。赶明儿个，让你阿玛把差使辞啦，就得了。”

再看一组用例，同样是额大奶奶对小额说话，都用了“啦”，例30的场景比例29混乱，用“得啦”显得大声、更不耐烦。

（29）小额说：“不是呀，这个悚疙瘩老不收口儿，我真有点儿着急。”额大奶奶说：“得了，你别不知足啦。你忘啦吃徐吉春的药，满炕上折腾的时候儿啦。”

（30）王香头来到东间儿屋内，小额正疼的嗳哟黄天，是爹妈的乱叫，浑身直点儿的出汗。额大奶奶说：“得啦，回头老仙爷给你一瞧就好啦。”

另外，一段对话用好几个“啦”的情况多是在熟人之间：

（31）伊老者说：“我可不吃啦，我是两顿并了一顿啦。你给我弄点儿茶得啦。”

可见同样情形下，“啦”比“了”显得随便，而不仅仅是强调或加重。

（二）“啦”的夸张告知作用

《小额》中“啦”的用例约有千处，统计前585处，有301处出现在对话中，269处在叙述中。其中，有559处可换为“了”，对话占298处，叙述占260处。可换为“了”的例句中，有363处可换为“了啊”，对话271处，叙述97处。从这些不完全统计数据可以看出，“啦”在对话语体中的倾向性。

“啦”句常有副词“可/算/也/太”和动词“是”。具有对比性的语气副词“可”被称为话题焦点敏感算子（$Topic_F$－sensetive operator），出现在前景（figure）句中，“可”前的重读成分与前文背景（ground）句的某个部分形成对比①。这样，全句带上了夸张意味，正和“啦”的对话语体性质相合。与“可”相似，其他副词和动词也多半出现在前景句中，因而能与“啦”配合表示略带夸张的语气。

（32）善合这当儿可乐啦，就叫嫂子，说：“您给我梳头。”

（33）小额当了三年的库兵，算是好，没出多大的吵子（贼星发旺），家里的钱是挣足啦。

（34）这位王三，有六十多岁，是本旗的一个老陈人儿，旗下那本老账，人家算吃透啦。

（35）他打听打听，我们爷儿们是干甚么的！这把子匪徒太可恶啦（是教书匠的口吻）。

（36）说话的这功夫儿，天已经是黑啦，楞祥子说：“我也不坐着啦。”

这种因对比而形成的略带夸张的语气，使得“啦”显示了说话人对听话人表达的强烈主观色彩，含有“我得告诉你”、“你要知道”的意味，即告知作用。告知的对象包括听话人、第三方和读者，下例“啦”集中地体现了这种告知作用，恒爷告知听话人伊老者，伊老者告知不在场的第三方，作者告知读者。

（37）恒爷说：“那们我走啦。”伊老者说：“恒大叔走啦。”伊太太、少奶奶全过来啦。

① 刘丹青、唐正大2001，话题焦点敏感算子“可”的研究［J］，世界汉语教学（3）.

《小额》的"啦"用例众多，与其说书性质有关，全书都在作者和读者对话的大环境中，因此叙述句中告知听话人的意思也很明显。有时还使用"喝"，更加强了夸张提醒告知的意味。

(38) 每月钱粮头儿上，喝，手下的碎催可忙啦。

（三）"啦""吧"在列举格式中的告知引述作用

"啦"和"吧"或配合、或呼应，描述向听话人逐一列数的场景。列举项前常有"甚么"、"怎么"，起到提示作用，表示即将开始列举；列举项后的"啦""吧"一则标示此项结束，二则标示提醒告知的主观色彩。列举的各项为引述性质，即"元语言"用法①，可以用引号标示出来，且前后文必有同指成分。

列举名词性成分单独使用"啦"或"咧"（全文语气词"咧"只有 2 处列举用法），如以下各例的列举项分别为"外号儿"、"药味"、"症候"等。

(39) 就在这当儿，可巧他们那一把子碎催，甚么摆斜荣啦、花鞋德子啦、小脑袋儿春子啦、假宗室小富啦，听听这把子的外号儿，那一个不欠二年半的徒罪，晃晃悠悠的全到啦。

(40) 您要问都是甚么药味？称得起是不伦不类、古怪希奇，甚么十个羊粪蛋儿啦，五根白猫的胡子啦，七个秫稽库儿啦，简直的是胡造谣言。

(41) 遇见有钱的主儿，长甚么砍头疮咧，搭背咧，这些个症候，真能够吃个三个月五个月的。

列举两项以上谓词性成分时使用"啦吧"，列举项均为文中

---

① Jakobson 在传统语言学"情感、意动和指称"三大功能的基础上提出语言的"诗学功能、寒暄交际功能和元语言功能。"（引自封宗信 2005 语言学的元语言及其研究现状 [J] 外语教学与研究（6）403—410）.

人物所说的话，也是引述性质。

（42）黑老婆儿这们一调唆，甚么成心赶罗咱们啦吧，又甚么总得斗斗他们啦吧，这溜儿又住不住啦吧。

（43）这把子碎催又捧了会子小额，甚么这场儿官司难为您啦吧，又甚么这不算憨蠢啦吧，改日还要给您压惊啦吧，说了些个淡话。

“啦吧”分开单独列举时，前项用“啦”或“吧”，后项必用“吧”。这可能是由“吧”的来源“完结”义而来，进入列举句式表示列举结束。

（44）甚么我们不愿意给人家配药啦，又甚么都让生意人给闹坏了吧……

（45）见了额大奶奶，胎里坏一路苦造谣言，甚么费了多少话啦，怎么又托了几个人啦，月底官司就可以完了吧，说了个天花乱坠。

六、结论

《小额》语气词“啊”和“啦”都表现出了说话人对听话人的关注，但具体语气效力各不相同。“啊”体现出的关注是随意亲近，“啦”的关注体现为夸张告知和引述告知。

可见，从交互主观性的角度可以提纲挈领地把握语气词的各种复杂表现，从而打破传统语气类别“陈述/疑问/祈使/感叹”之间形式与实际功效的纷繁交织局面。

当然，限于语料规模和研究方法，还有很多问题尚未解决。如语气词的系统分析及功能交错、对听话人的关照的不同角度、权势关系对语气词的影响机制等等，需要更多同时期材料的统计分析才能得出更为具体的结论。

参考文献：

［1］松友梅．小额（注释本）［M］．刘一之标点注释．北京：世界图书出版公司，2011.

［2］刘云，王金花．清末民初京味儿小说家蔡友梅生平及著作考述［J］．北京社会科学，2011（4）：70—75.

［3］太田辰夫．汉语史通考［M］．江蓝生，白维国译．重庆：重庆出版社，1991.

［4］Palmer F R. *Mood and Modality*［M］．北京：世界图书出版公司，2001.

［5］Bybee J，Perkins R，Pagliuca W. *The Evolution of Grammar：tense，aspect，and modality in the languages of the world*［M］．Chicago and London：The University of Chicago Press，1994.

［6］何文彬．试论句子的客观性和主观性——兼谈现代汉语语气助词的性质［C］//四川师范大学汉语研究所．语言历史论丛（第六辑）．成都：巴蜀书社，2013.

［7］Lyons J. *Semantics*［M］．New York：Cambridge University Press，1977.

［8］Traugott E C，Dasher R B. *Regularity in Semantic Change*［M］．New York：Cambridge University Press，2002.

［9］Langacker R W. *Raising and transparency*［J］．Language，1995（1）：1—62.

［10］北京大学中文系 1955 级 1957 级语言班．现代汉语虚词例释［M］．北京：商务印书馆，1982.

［11］Li B. *Chinese Final Particles and the Syntax of the Periphery*

[M]. Leiden: The Leiden University Centre for Linguistics (LUCL), Facalty of Arts, 2006.

[12] Li C N, Thompson S A. *Mandarin Chinese: A Functional Reference Grammar* [M]. Berkeley Los Angeles London: University of Califormina Press, 1981.

[13] 屈承熹. 汉语认知功能语法 [M]. 纪宗仁协著. 哈尔滨: 黑龙江人民出版社, 2005.

[14] 屈承熹. 汉语篇章语法 [M]. 潘文国等译. 北京: 北京语言大学出版社, 2006.

[15] 孙锡信. 近代汉语语气词: 汉语语气词的历史考察 [M]. 北京: 语文出版社, 1999.

(四川师范大学文学院, 四川成都 610068)

Sentence－final Particles "*a*(啊)" and "*la*(啦)" in Novle *XIAO'E* and Their Intersubjectivity

Chen Ying

(College of Liberal Art, Sichuan Normal University; Chengdu Sichuan, China; 610068)

Abstract: Based on the theory of the intersubjectivity, this essay is going to study the sentence－final particles "啊" and "啦" in the novle *xiao'e* of the Late Qing Dynasty and Early Republic of China. The conclusion is that they all reflect the attention of speaker to listener, and "*a* (啊)" reflects the random and intimate relation while "*la* (啦)" reflects the exaggerated informing and quoted informing.

Key words: *Xiao'e*; Late Qing Dynasty and Early Republic of China; intersubjectivity; sentence—final particle

汉语语素新论

仝小琳[①]

摘　要　从“语素”与“词素”的正名入手，探讨了语素和词素的渊源关系和具体运用。认为在汉语词汇研究中，除保留原有的词汇单位“语素”之外，应再添加一个和它含义、功能均不同的“词素”概念。词素应和语素并存，分别起不同的作用。词素主要用于词的结构分析，主要起词法作用；而语素作为词汇、语法的最低一级单位，担负着描写语言本质的责任，主要起语法作用。“词素”、“语素”概念的不同分工对汉语研究和对外汉语教学有重要影响。

关键词　语素；词素；替代法；语素教学法

① 作者简介：仝小琳（1977—），女，河南南阳人，博士，副教授，研究方向为应用语言学。曾在《语言研究》、《中国语文学》、《云南师范大学学报》等刊发表论文数篇，国家社科基金项目“唐五代《切韵》系韵书研究”主持人。

一、有关语素的三次大讨论

有关语素的讨论从来就没有停止过。从这一名词的引进至今，已发生过三次大的讨论。二十世纪五六十年代、八十年代分别进行过两次语素大讨论，讨论的内容从“morpheme”一词译为“词素”还是“语素”，到语素的定义、分类、辨认方法，涵盖较广。经过第一次讨论，确立了“语素”的正宗地位，舍弃了最开始的“词素”这一表述；确定了“语素”的定义，即“最小的语音语义结合体”。八十年代主要是讨论汉语语素的确定和识别，最终确立了以“替代法”（即“替换法”、“同形替换法”）为核心的语素确认方法。

随着语言自身的发展，过去我们认定是单一语素的联绵词和外来词，内部逐渐产生了分化，一些非语素正在向语素演化。“非语素向语素演化的情况主要见于联绵词和外来词，其演化方式主要有两种：（1）多音节单纯词出现简称或省称，其简称或省称又被作为语素来构成新词，多出现于联绵词；（2）多音节单纯词中的某个音节（汉字）具有代表性或区别特征，被人们当成构词语素，常见于外来词。”[1]再加上近十几年来，由于对外汉语教学的蓬勃发展，词汇教学得到更多的重视，大家越来越认识到源自西方的“词本位”方法并不适合对外汉语教学，对外汉语教学应回归到反映汉语自身特点的“字本位”教学法。“字本位”在对外汉语界实质上就是语素教学法。这两方面的问题又引发了新一轮的语素讨论热潮。

二、汉语研究中再次引进词素，和语素共同承担词汇单位功能

1. 语素和词素的渊源

语素和词素都源自美国结构主义大师布龙菲尔德的名著《语言论》，是同一英语单词“morpheme”的译名。Morpheme 概念上世纪五六十年代引入中国，当时各家运用最多的译名是“词素”。但目前通用的译语是“语素”，“词素”已渐渐退出主流地位。用“语素”的原因，吕叔湘先生在《汉语语法分析问题》里作了说明：“最小的语法单位是语素，语素可以定义为‘最小的语音语义结合体’。也可以拿‘词素’做最小的单位，只包括不能单独成为词的语素。比较起来，用语素好些，因为语素的划分可以先于词的划分，词素的划分必得后于词的划分，而汉语的词的划分问题比较多的。”[2]490 本文对“语素”完全替代“词素”，还持有不同的看法。

实际上并不是所有的学者都认同“语素”的译法。

赵元任先生在《汉语口语语法》一书采取的是“语素”，但此书是英文版，现在大家看到的是由吕叔湘先生翻译过来的译本，而吕先生正是“语素”一词地位的奠基人。而赵先生在稍早的《语言问题》中采取的正是“词素”这一术语，“这些最简单而不可再分成另外有意义的部分，这种词汇的单位，我们叫它词素。词素是翻译英文的 morpheme。”[3]42 所以我们有理由相信，在赵先生眼里，可能“词素”的译法更合适。

同样坚持“词素”译法的还有葛本仪先生，他在《现代汉语

词汇学》一书采纳的正是“词素”。他对词素下的定义是：“词的组成成分就是词素。词素也是一种音义结合的定型结构，是最小的可以独立运用的词的结构单位。”[4]49

刘叔新先生在《汉语描写词汇学》中，认为“在选择了‘语素’之后，‘词素’仍可留下而派以新的用场。可以使‘语素’和‘词素’各适用于不同的场合，具有不完全相同的含义，作为两个不一样的术语而同时并存。”[5]69

本文认为在汉语词汇研究中，词素应和语素并存，只是二者担当的作用并不相同。词素更多地担当了词的结构分析的重任，而语素作为词汇、语法的最低一级单位，担负着描写语言本质的责任。

为了行文方便，我们认同把 morpheme 译为语素，而另选 word element 作为词素的英文译法。

2. 再次引进词素的原因

引进“词素”的根本原因在于我们在确认语素以及词的结构分析时遇到的无可避免的困境。

（1）语素“替代法”无可避免的弊端为“词素”确立地位提供依据。

学界通行的确认语素的方法就是“替代法”（又称替换法）。所谓“替代法”，就是用已知语素替代有待确定是不是语素的语言单位。它在辨认语素方面确实有很大功劳，但是方法本身的定义就暴露了其不可避免的弊端。按照它的定义，替代法是要用已知语素来进行替代，那么哪些是已知语素？这些已知语素又是从何而来？这很容易就走入循环论证的怪圈。就算已知语素在人们心里都有一定的认知，但不同的人由于掌握的语素数量、种类并不相同，在分析时就完全有可能得出完全不同的结论。在实际教学过程中，学生对同一个词的分析往往因为自身掌握的语素种类、数量不同而造成结论不同的例子不胜枚举。

虽说汉语词的辨认很难，但是让我们来辨认语素时，前提一定是有某些需要确认其内部由几个语素构成的词来供我们使用。也就是说辨认语素之前，词的身份已被确认。就好比做数学题，辨认语素是解题过程，而题目就是一定数量的词。除非出题人出错，一般题目是没有任何问题的，也就是词的身份是正确的。再来看“词素”，它就是确定了词以后，对词进行分析所产生的结果。就解题来说，这当然比“语素”更恰当，“词素”是顺着题意进行解答。而“语素”是在解题之前就得确认，姑且不管确认的已知语素是否正确（从教学的实际情况来看，的确会出错），这种行为都已走入循环论证之路。

（2）分析复杂合成词的结构时所遇到的困难，要求使用“词素”。

对于三个以上字构成的词，分析时总是有一部分不知如何称呼，例如“科学家”，按照分析，首先分出“科学”和“家”，“家”当然可以称之为“语素”，但是“科学”能按照语素的定义“最小的音义结合体”，称之为“语素”吗？这是个值得思考的问题。通行的两种《现代汉语》教材是这样处理的：黄伯荣、廖序东本《现代汉语》显然是感受到了这种困境，没有给出具体称呼；而胡裕树本《现代汉语》则在“试验田”、“人造丝”的分析中把先行分出来的“试验”“人造”两个语素组合体成为“复合语素”，至于“复合语素”的定义是什么？它和词有什么关系？是否就等于词？胡裕树本《现代汉语》并没有给出答案。从

《“语素组合体”研究述要》[6]一文来看，对于“科学家”中的“科学”究竟怎么称呼，诸多学者都作过研究，给出了各种各样的命名和依据。譬如“语素组或素组”、“复语素”、“语素组合体”、“复合式的词素”、“合成词素”等等。本文认为“语素组”之类的称呼，作为一个概念，未免繁复；而且语素的组合或组合体按照“语素组合构成词”的观念，不是应该称呼为词吗？这些命名容易让人摸不着头脑。至于“复语素”就更离谱，直接和“语素”的定义相矛盾。故而不如舍弃“语素”，而取“词素”来直接分析词的结构，语素就作为词的最基层单位出现，主要完成语法作用。

（3）保留“语素”的原因

通过上面的分析，就会产生这样的疑问：既然词素具有这么大的价值，为何还要保留“语素”呢？

（1）描写语言的本质时，语素具有无可替代的作用。

词素是在给定了词的时候分析出来的结果，即词素必须有构词功能。未给出词前，我们最容易判断的是一个个的字。有些字我们可以直接判断它们是词，如“天”、“地”、“人”等。汉语词毕竟是双音节占绝对优势，汉语的一些字只有构词功能而无单用的功能，如“俭”、“确”、“孤”、“伟”。这些字虽有音有义，但不能单说单用，当然不能称之为词，或称为词素。可还有另外一些字，如“囷”（古代一种圆形的谷仓）、“暅”（光明，干燥）、“醋”（聚会饮酒）等，这部分字虽少，但同样有音有义，可它们既不组词也不单用，怎么来称呼它们呢？这就需要我们保留“语素”，以便作为对语言进行完整描述、精确描述的需要。毕竟词素是后于词的分析，而对于一个个有音有意义的字，但不是词的语言单位来说，语素就更显示出其必要性、重要性。

(2) 在对外汉语教学中，语素具有重要作用。

对于留学生而言，他们最容易识别的是字。有关“字”与“语素”的关系，赵元任先生在《汉语口语语法》里给“语素”下定义时讲到过：“跟‘字’最相近的语言学单位是语素，语素的通常定义是语言中最小的有意义的单位。”[7]79

认识语素对留学生来说，是非常有价值的。原因在于：语素的识别相当容易，它们多数表现为单字形式；另外了解了语素义，对于词义的推测是很有效的，“汉语是理据性高的语言，复合词的意义一般可由其组成成分去推求”[8]277；汉语的词汇量虽然庞大，但构成词汇的常用字（即语素）数量却是高度集中的，汉语语素的构词能力非常强。此外，语素的习得也易于培养留学生的汉语语感。

三、语素和词素的具体运用

1. 语素和词素的定义

本文虽然认同刘叔新先生“语素”、“词素”同时并存、只是分工不同的看法，但本文在具体的“词素”、“语素”定义上与刘先生有所不同。刘先生对“词素”的定义是：“词素应就词的构造成素、即一个词能够划分出的小于词的构成单位而言。它是词或词干的直接组成成分。”[5]69对“语素”的定义是：“语言中一切最小的音义结合单位，包括最简单的、不能划分出不同构造成分来的词、词内可以划分出的最小音义结合单位，以及句子结构中有一定语气和音调形式的句调和有一定关系意义的特定词

序。”[5]69—70

我们这样给“词素”下定义：它是词的构成要素，后于词的划分。

至于“语素”的定义，布龙菲尔德给出的是：“跟别的任何一个形式在语音—语义上没有任何部分相似的语言形式是一个简单形式（simple form）或者叫做语素（morpheme）。”[9]195 我们认同学术界的普遍观点，即语素是汉语中最小的音义结合体。

2. 语素和词素的关系

对于“词素”和“语素”的关系，刘叔新先生认为可以有单语素构成的词，但“一个词不能够同时说它是词素”[5]70。“词或词干首先能分出词素这样的直接构造成分；而词素内部若有不同的构造成分，这构造成分就不能还是词素。”[5]74

我们认为语素和词素的关系如下：

（1）语素一定是语言中最小的语音语义结合体，先于词的划分。词素是词的构成要素，后于词的划分。语素使用范围比词素广泛，词素只用于汉语的词汇分析系统，而语素则横跨词汇、语法两个系统。

（2）语素和词素在表示“最小音义结合体”时是重合的。单纯词的情况最简单，单纯词就是由一个词素构成，当然也就是一个语素了。在合成词的结构分析中，只要词被分析到“最小的音义结合体”，词素就和语素重合。由两个字组成的合成词分析时，词素也是语素。三个字以上的合成词，第一次分析时词素长度比词小、比语素大。如“展览馆”直接由“展览”和“馆”两个词素构成，“馆”根据“语素”定义，当然同时也是个语素了。“展览”比语素大，它只有在进行完第二次拆分后，分为“展”和

"览"两个词素时，才同时是语素。当然也有例外，例如"枇杷树"、"玫瑰红"、"沙发床"、"干巴巴"、"沙文主义"等一类词，词素和语素合一。这些词的内部多半有多音节汉字组合在一起表达一个意义的情况，像上例的"枇杷"、"沙发"等等。

3. 语素和词素的分类

词素可按照包含的语素性质，分为三类：单纯词素（只含有一个词素，和语素重合）；合成词素（合成词充当的词素）；短语词素（即语素的组合，因为这些成分之间的关系类似于短语，它们之间并没有形成固定的组合。）单纯词素和合成词素均是借鉴葛本仪[4]50－52先生的命名和定义。短语词素的命名是受了复杂短语可再分析为短语和词的启发，既然复杂短语的结构可再划分为短语，那么短语词素也可再划分为词素。合成词素与短语词素都说明它们的内部构成不止一个词素，只不过一个是合成词充当的词素，一个是由两个以上语素构成的短语充当的词素。

根据词素意义的不同、构词功能的不同，我们还可把词素分为：词根词素、词缀词素。单纯词素一般就是词根词素，而合成词素、短语词素则要再分析，看到底是词根词素还是词缀词素。

语素可根据意义的虚实不同，分为：实语素、虚语素、弱语素[10]33（借鉴符准青先生对语素的定义、分类）。实语素：表名物、动作行为、性状等有实义的语素；虚语素：原用作虚词而进入合成词的语素；弱语素：意义弱化的语素。

4. "词素"、"语素"分工对汉语教学的影响

（1）语素确认方法"替代法"的存留

前面已经讲过，所谓替代法（替换法），就是用已知语素替代有待确定是不是语素的语言单位。常用来判断两个音节组成的

汉字是一个语素还是两个语素。本文认为应该舍去替代法来确定语素，确定语素的最好方法就是根据语素的定义。舍去替代法的根本原因当然是它要用已知语素来进行替代，实际上就是走进了循环论证的怪圈。除此之外，舍去替代法的原因还和它的一个重要原则有关。替代法实施过程必须是双向替换，即替代式的两头应都能有效替代才能确定语素，缺一不可。

我们举几个典型的例子：蝴蝶、骆驼、啤酒、苹果。这几个词也是引起较多争议的词，通用现代汉语教材的看法都是：这些词都是一个语素，因为它们不能进行双向替换。但对“蝶、啤、驼、果”的看法不一，有认为是一个语素的，有认为不是语素的。本文认为“啤酒”和“苹果”是两个语素，因为“啤”“苹”作为音译词，本身是有意义的；而蝴蝶、骆驼仍然是一个语素，但“蝶”“驼”二字在长期的发展中分别取得了“蝴蝶”“骆驼”的意义，故而也是一个语素。这说明替代法确实有其缺陷。另外，从语素的创造者布龙菲尔德的论述里，我们也可看出《语言论》对语素的判断也并非完全依靠替代法。布氏在“独一无二的成分”一节中，谈到 cranberry（蔓越橘 ）时说 cran－这个成分只出现在 cranberry 的组合中。但布氏认为“由于它有一个固定的语音形式，而且它的意义也是固定的，cranberry 既然是某种特定的 berry，跟所有其他浆果不同，我们也就认为 cran－是一个语言形式了。经验指示我们可以把这种例子概括为独一无二的成分，只出现在某一个组合中，也是一种语言形式。”[9]194 这里布氏所说的“独一无二的成分”指的就是“语素”。在语素的定义中，他又明确提到“跟别的任何一个形式在语音—语义上没有任何部分相似的语言形式是一个简单形式（simple form）或者叫语素（morpheme）。比方 bird，play，dance，cran—，— y，— ing 都是语素。”[9]195

替代法的另外一条原则：在替代中要保持意义的基本一致。细究起来，也有不足之处。这是由教学过程中学生的实际情况决定的，因为汉语的字（所谓的已知语素）通常是多义的，具体判断时总是很难把握，甚至有些学生会生造词。

故而，本文认为在对中国中文系的学生进行词汇一章的教学时，应删去语素的确定方法“替代法”，不但是因为替代法有与生俱来的局限性，还因为“替代法”并无实际意义，确定语素根据它的定义就可清清楚楚判定。因为汉语的特点（分字连写，每个字基本上都是有意义的），语素的确定是较容易的。另外，应在词汇一章给“词素”应有的地位，作为分析词的结构的基本单位。

（2）“词素”、“语素”并用分析词的结构

同时采用词素、语素分析词的结构，更有助于我们清楚认识词素的组合构词功能，以及语素的根本性质（最小的有意义的单位）。

本文对词的分析采取：第一步，词分析为词素，且标明词素的大种类：单纯词素、合成词素、短语词素。第二步，合成词素、短语词素再按照构词时的地位分为词根词素和词缀词素。最后表明这些词素相对应的语素名称：实语素、虚语素、弱语素。若只有一层关系，词只分为两个词素，那么这两个词素同时也就是语素，标明相对应的名称。具体操作，举例说明如下：

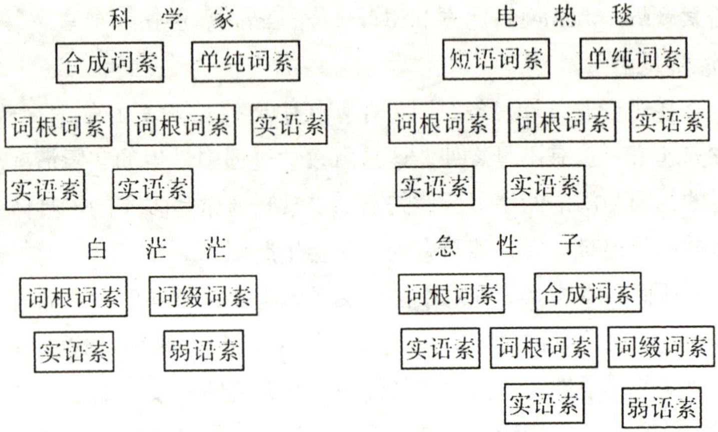

5.“词素”、“语素”分工对对外汉语教学的影响

近年来学界在对外汉语的词汇教学方法方面都比较认同语素教学法，上面我们也论述了语素在对外汉语词汇教学中的重要作用。对外国留学生而言，词素的作用主要体现在学习的高级阶段，涉及到汉语词的结构分析时，尤其是涉及到合成词素、短语词素构成的词或略语时，即使不是高级阶段的留学生，词素这一概念对他们一样有用。因为留学生最希望学的词汇还是“学习活在人们口头上的词汇，学习富有时代特色的、教科书上没有的新词语。”[8]388 而汉语的新词语中，三字格、四字格所占的比例越来越大。例如深化改革、连锁店、文化快餐、多媒体等这些词，如不借助词素，就没办法讲清它的构造。相较于词素，语素贯穿于留学生的整个汉语学习过程，作用更大。只是要强调一点，毕竟他们在学习、使用汉语时，独立运用的语言单位还是词和词义。语素义相对于词义来讲，一个语素的义项往往比一个合成词的义项更多。即便是同一个语素义项，在不同词中也是灵活多变、极

不稳定的。即便是一个语素构成的单纯词，虽然作为语素本身义项多，但作为词出现时，因受前后词语、整个句子的制约，它的词义也是明确、固定的。“我们现在对语素义项的归纳，恰恰是根据它在词义构成中的表现来确定的，换言之，是根据复合词的意义推求语素可能在其中担当的角色，而不是相反。”[8]534 所以在针对留学生的汉语词汇教学时，从词的构成上要强调语素，赞成把语素从词里分出来的做法，这样能使留学生获得汉语词汇构造易学的心理，从而以积极的态度进入汉语词汇学习；从词义的分解上，则要强调词义不同于语素义的简单相加，应从整体上理解词义。

参考文献：

[1] 张云徽. 非语素向语素演化之轨迹 [J]. 云南民族大学学报（哲学社会科学版），2004（4）.

[2] 吕叔湘. 汉语语法论文集 [M]. 北京：商务印书馆，1999.

[3] 赵元任. 语言问题 [M]. 北京：商务印书馆，2000.

[4] 葛本仪. 现代汉语词汇学 [M]. 济南：山东人民出版社，2001.

[5] 刘叔新. 汉语描写词汇学 [M]. 北京：商务印书馆，2005.

[6] 丁建川. “语素组合体”研究述要 [J]. 广西社会科学，2005（7）.

[7] 赵元任. 汉语口语语法 [M]. 北京：商务印书馆，2001.

[8] 孙德金. 对外汉语词汇及词汇教学研究 [M]. 北京：商务印书馆，2006.

[9] 布龙菲尔德. 语言论 [M]. 北京：商务印书馆，2008.

[10] 符淮青. 现代汉语词汇 [M]. 北京：北京大学出版社，2004.

（四川师范大学文学院，四川成都 610068）

More Think on Chinese Morpheme with a New Angle

Tong Xiaolin

(College of Liberal Arts, Sichuan Normal University, Cheng du , 610066)

Abstract: We discuss the original relationship between morpheme and word element from the angle of their naming. In the research field of Chinese lexical, the concept of "word element", which is different from morpheme in meaning and function, should be included. The two concepts should be kept and function differently——the "word element" , which is mostly used in the configuration analysis of word, takes on the accidence function, while the "morpheme" , which is regarded as the undermost unit in lexical and syntax, takes on the duty of depicting essence of language and mostly takes on the syntax function. The functional assignment of the two concepts is of great influence in the field of Chinese research and Teaching Chinese as a Second Language.

Key words: morpheme; word element; substitute method; Morpheme— teaching method

现代汉语双宾结构中混宾句式的形式语义分析

曹 羽①

摘 要 本文在蒙太古语义学的框架下，讨论了现代汉语双宾结构中混宾句式的形式语义。我们继续之前现代汉语双宾结构一般句式的讨论，严格地推导了混宾动词的翻译，并示例了混宾句式语句和语义的同步生成过程。针对混宾动词以从句为宾语的情况，本文分析其语义的关键在于使用内涵语义，因而相应地涉及了可能世界理论。我们给出了这一选择的理由和论证，讨论了混宾句式所表现出的种种内涵语境下的特性，并将这一系列特性归因于混宾动词和命题态度类动词的内在联系。最后，我们把处理这两者联系的途径推而广之，提

① 作者简介：曹羽：香港中文大学语言学及现代语言系硕士研究生。

出了在语义上校验某动词是否满足双宾动词语义的形式化条件。为简化讨论，我们略去了对时间和时制的处理，仅在特定场合予以注明。

关键词 混宾；双宾；形式语义；内涵语义

一、混宾动词和混宾句式

笔者此前[①]对现代汉语双宾结构的一般句式进行了蒙太古语义学框架下的形式语义初步分析。所谓“一般句式”的典型例句如下：

（1）a. 张三送（给）了李四一本书。

b. 张三送了一本书给李四。

c. ∃x［书’（x）∧（（送’（李四’））（x））（张三’）］

有两点需说明：其一，（1a）中的“给”是可选的，无论出现与否，都为同一句式。原因在于当它出现时，我们接受顾阳[②]以来的分析，认为它已并入之前的动词，形成复合，如这里的“送给”。其二，（1a—b）是两个不同的句式，但在逻辑语义上等价，都应在逻辑语言中表达为（1c）。

有三种特殊的句式，典型例句如下，

（2）a. 张三吃了他三个苹果。

b. 这只碗沾了我一手油。

c. 子路告诉子渊子贡出门了。

---

① 曹羽（2012），现代汉语双宾结构的形式语义分析（手稿）。

② 顾阳（1999），双宾语结构，载徐烈炯主编《共性与个性：汉语语言学中的争议》，北京：北京语言文化大学出版社。

在之前的分析中，我们根据生成语法的理论①，认为（2a—c）在句法上能够和（1a）取得一致的解释，即都可以由 VP 外壳结构表出：

(3)

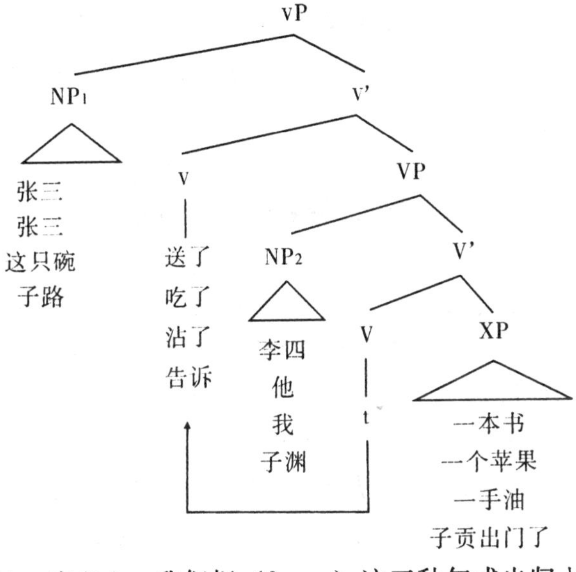

在这一意义上，我们把（2a—c）这三种句式也归入双宾结构。上图结点 XP 在（2a—b）中和在（1a）中一样，都是 NP，在逻辑上最终反映的都是三个实体（entity）之间的关系，因此适用（1c）分析方法。但是，XP 在（2c）中是 CP，因为（2c）的直接宾语是一个从句，作述题（proposition）题元。这时双宾语动词“告诉”对应的逻辑谓词反映的不再是三个实体之间的关

① 以下分析依从黄正德（2007），汉语动词的题元结构与其句法表现.，《语言科学》，第 4 期，相关理论主要涉及非宾格假说（unaccusative hypothesis），VP 外壳结构（VP—Shell）和词汇分解（lexical decomposition）理论，下文将进一步讨论。

系，而是两个实体和一个命题——这三者之间的关系。这样一来，虽然（2c）仍属双宾结构，但我们却无法为它采取适用于“一般句式”（以及 2a—b）的形式语义分析。

我们依从何元建①，把“告诉”所代表的双宾语动词称为“混宾动词”（即一个名词性宾语，一个从句性宾语），因而（2c）所代表的句式可称为“混宾句式”。本文即将讨论的就是这一句式的形式语义分析。

二、本文使用的语法片段

为简单起见，以下对混宾句式的句法推演中，没有采用（3）中的 X—Bar 系统，而采用了早期生成语法中的上下文无关的短语结构语法（context—free phrase structure grammar），不涉及位移（movement）。我们假定充当客事题元的名词短语先与混宾动词结合，然后这个结合起来的整体再与充当述题题元的从句结合。于是与讨论相关的语法片段（grammar fragment）构建如下：

（4）a. 1G： S → NP VP

b. 2G： VP → V

c. 3G： VP → VP ［混与］ S

d. 4G： VP ［混与］ → Vdt ［混］ NP

e. 5G： NP → Npr

f. V → { “出门”，… }

---

① 何元建（2011），《现代汉语生成语法》，北京：北京大学出版社。

g. Vdt [混] → { “告诉”, “问”, …}

h. Npr → { “子贡”, “子路”, “子渊”, “张三”, “李四”, …}

(4) 中的递归定义捕捉到了混宾句式在句法结构上的自相似性 (self—similarity) 和可无限扩展性，因为我们可以根据 (4a) 重写 (4c) 的右端。这些特性可见于以下例句：

(5) a. 丙告诉乙 [甲出门了]。

b. 戊告诉丁 [丙告诉乙 [甲出门了]]。

c. 庚告诉己 [戊告诉丁 [丙告诉乙 [甲出门了]]]。

……

三、翻译为形式语言

在对混宾句式进行形式语义分析之前，首先需要将汉语的混宾句译为形式（逻辑）语言。根据规则一一对应假说 (rule—to—rule hypothesis)，每一句法规则都应有唯一与之对应的翻译规则。除了 (4c)，(4) 中的其余所有句法规则逻辑翻译都可以按照通常的方式①进行，现罗列如下：

(6) a. T1G: S ⇒ NP' (VP')

b. T2G: VP ⇒ V'

c. T4G: VP [混与] ⇒ Vdt [混]' (NP')

d. T5G: NP ⇒ Npr'

① 即一般形式语义学教科书中常见的处理方式。本文的逻辑表达方法和记号体系均依从 Cann, R. (2010), *Formal Semantics: An Introduction*，北京：世界图书出版公司北京公司 (Original work published in 1993)。

e. 出门'

f. 子贡'

g. λP［P（子贡'）］

词汇翻译的部分，不及物动词在逻辑中直接对应一元谓词，可使用词汇形式加撇号的形式，如［V 出门］可译为（6e），因为这种形式在逻辑中本身就表示一元谓词（one－place predicate）。专有名词，如［Npr 子贡］，应译为（6g）的形式，而不能译为它词汇形式加撇号，即（6f）的形式，因为后者在谓词逻辑中表示个体常量（individual constant），而专有名词在逻辑中直接对应的是个体提升（individual sublimation），即（6g）中表达式的指谓（denotation）。

对（4c）而言，首先可以确定的是，我们可以以动词短语的翻译为函子（functor），以其宾语为参数（argument）。但（7）是错误的翻译：

（7）VP ⇒ VP［混与］'（S'）

本文开头提到，混宾句式和其他双宾句式的根本不同在于混宾动词对应的逻辑谓词最终建立的是两个实体和一个命题这三者之间的关系。从句（或句子）对应的逻辑表达式的逻辑类型是〈t〉，在外延（extension）上指谓一个真值。而我们所建立的关系，绝不是实体和真值之间的关系。否则，根据莱布尼茨

(Leibniz) 定律[①]，我们可以由两个实体同一个真（假）命题的关系，推得这两个实体同所有真（假）命题的关系成立，例如：

(8) a. 子路告诉子渊子贡出门了。

b. 子贡出门了。

c. 苏格拉底是雅典人。

d. 子路告诉子渊苏格拉底是雅典人。

显然，我们不能由（8a—c）为真推断（8d）为真。

这里，混宾动词在直接宾语的位置上表现出了如同一般命题态度（propositional attitude）类动词宾语位置的特性，即这一位置处于内涵语境（intensional context）下[②]。也就是说，我们所建立的关系，是两个实体同从句的指谓的内涵之间的关系，后者的表达式的逻辑类型是〈s，t〉。因此，我们引入内涵算子“ˆ”，将（4c）翻译如下：

(9)　T3G：　VP ⇒ VP［混与］'（ˆS'）

有了以上基础，我们就可以来确定混宾动词的词汇翻译。它不能译作其词汇形式加撇号的形式，因为它不能直接对应谓词，所以不得不表示为更复杂的形式。以下由（8a）的逻辑语义（10a）入手，逐步推导混宾动词［Vdt［混］告诉］的词汇翻译。

---

① 莱布尼茨定律又称替换定律（Law of Substitution），此定律允许替换外延上相等的表达式而维持原式真值不变。例如：

(i) 晨星是金星。

(ii) 暮星是金星。

(i—ii) 属实时，我们可以在（i）中用“暮星”替换“金星”，得到（iii）：

(iii) 晨星是暮星。

② 哲学家将与精神思维状态、活动、态度等相关的动词称为属于命题态度的动词。例如，相信、怀疑、知道等。有关此类动词和所谓“内涵语境”将在下文详细讨论。

（10）a.　S' =（（告诉'（子渊'））（ˆ（出门'（子贡'））））（子路'）

b. S' = NP'（VP'）　　（T1G）

= N_{pr}'（VP'）　　（T5G）

= λP［P（子路'）］（VP'）　　（词汇）

= VP'（子路'）　　（λ 还原）

c. VP' =（告诉'（子渊'））（ˆ（出门'（子贡'）））（10a—b）

d. VP' = VP［混与］'（ˆS'）　　（T3G）

= VP［混与］'（ˆ（NP'（VP'）））　　（T1G）

= VP［混与］'（ˆ（N_{pr}'（VP'）））　　（T5G）

= VP［混与］'（ˆ（N_{pr}'（V'）））　　（T2G）

= VP［混与］'（ˆ（λP［P（子贡'）］（出门'）））（词汇）

= VP［混与］'（ˆ（出门'（子贡'）））　　（λ 还原）

e. VP［混与］' = 告诉'（子渊'）　　（10c—d）

= λP［λp［λx［P（λy［（（告诉'（y））（p））（x）］）］］］（λP［P（子渊'）］）　　（逆 λ 还原）

f. VP［混与］' = V_{dt}［混］'（NP'）　　（T4G）

= V_{dt}［混］'（N_{pr}'）　　（T5G）

= V_{dt}［混］'（λP［P（子渊'）］）　　（T5G）

g. V_{dt}［混］' = λP［λp［λx［P（λy［（（告诉'（y））（p））（x）］）］］］　　（10e—f）

在（10g）中我们得到了［Vdt［混］告诉］的词汇翻译，其他混宾动词的词汇翻译只需要用它们各自的词汇形式加撇号替换（10g）的有关部分即可。

例句（8a）所涉及的所有句法构件和词汇的翻译已经讨论完毕。现在我们可以由我们所构建的句法规则和翻译规则，完整并严格地演示一个典型混宾句式（8a）的衍生（derivation）：

（11）a. S

$\Rightarrow$ S'

b. NP VP （1G）

$\Rightarrow$ NP'（VP'） （T1G）

c. N_{pr} VP （5G）

$\Rightarrow$ N_{pr}'（VP'） （T5G）

d. N_{pr} VP［混与］S （3G）

$\Rightarrow$ N_{pr}'（VP［混与］'（ˆS'）） （T3G）

e. N_{pr} V_{dt}［混］NP S （4G）

$\Rightarrow$ N_{pr}'（（V_{dt}［混］'（NP'））（ˆS'）） （T4G）

f. N_{pr} V_{dt}［混］N_{pr} S （5G）

$\Rightarrow$ N_{pr}'（（V_{dt}［混］'（N_{pr}'））（ˆS'）） （T5G）

g. N_{pr} V_{dt}［混］N_{pr} NP VP （1G）

$\Rightarrow$ N_{pr}'（（V_{dt}［混］'（N_{pr}'））（ˆ（NP'（VP'））））

（T1G）

h. N_{pr} V_{dt}［混］N_{pr} N_{pr} VP （5G）

$\Rightarrow$ N_{pr}'（（V_{dt}［混］'（N_{pr}'））（ˆ（N_{pr}'（VP'））））

（T5G）

i. N_{pr} V_{dt}［混］N_{pr} N_{pr} V （2G）

$\Rightarrow$ N_{pr}'（（V_{dt}［混］'（N_{pr}'））（ˆ（N_{pr}'（V'））））

（T2G）

j. 子路 告诉 子渊 子贡 出门了　（词汇）

⇒λP［P（子路’）］（（λP［λp［λx［P（λy［（（告诉’（y））（p））（x）］）］］］（λP［P（子渊’）］））（ˆ（λP［P（子贡’）］（出门’））））　（T 词汇）

k. （（λP［λp［λx［P（λy［（（告诉’（y））（p））（x）］）］］］（λP［P（子渊’）］））（ˆ（λP［P（子贡’）］

（出门’））））（子路’）　（λ 还原）

l. （λp［λx［λP［P（子渊’）］（λy［（（告诉’（y））（p））（x）］）］］（ˆ（λP［P（子贡’）］

（出门’））））（子路’）　（λ 还原）

m. λx［λP［P（子渊’）］（λy［（（告诉’（y））（ˆ（λP［P（子贡’）］

（出门’））））（x）］）］（子路’）　（λ 还原）

n. λP［P（子渊’）］（λy［（（告诉’（y））（ˆ（λP［P（子贡’）］（出门’））））（子路’）］）　（λ 还原）

o. λy［（（告诉’（y））（ˆ（λP［P（子贡’）］（出门’））））（子路’）］（子渊’）　（λ 还原）

p. （（告诉’（子渊’））（ˆ（λP［P（子贡’）］（出门’））））（子路’）　（λ 还原）

q. （（告诉’（子渊’））（ˆ（出门’（子贡’））））（子路’）　（λ 还原）

经过（11k—p）的一系列 λ 还原，可以得到（11q）。由此可知，依据我们所建立的句法和翻译规则得到的翻译（11j）正确地表达了混宾句式的逻辑语义，即混宾动词最终建立了两个实体和一个命题——这三者之间的关系。另外，过程（11）也可以等价地用（12）中的树表示。树中每个非叶结点[①]所发出的两条边中，左边的连接函子，右边的连接参数。

（12）

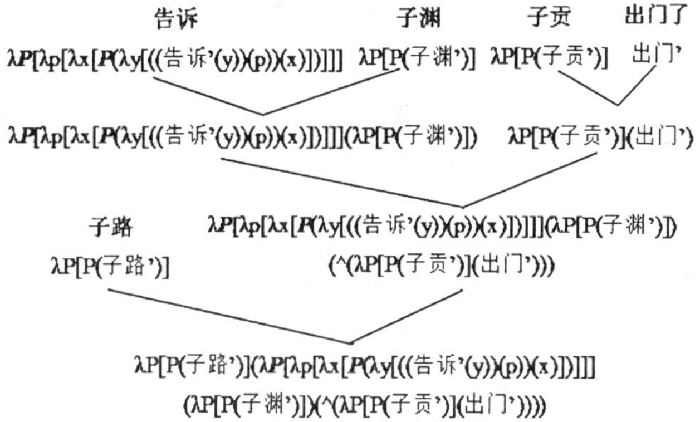

四、内涵和混宾动词的逻辑语义

在确定了将混宾句式译为逻辑表达式的方法，并藉此得到了一个典型混宾句式的翻译之后，下文即可开始对混宾句式进行形式语义分析。

1. 内涵和句子的内涵

从句（或句子）的逻辑表达式 S' 指谓一个真值，即它的逻辑类型是〈t〉；而与此相对，S' 的内涵表达式^S' 的类型则是

① 树中没有子结点的结点被称为叶结点。

⟨s，t⟩，它指谓一个函数，这个函数对给定的一个索引（index）返回一个真值。这个函数正是由那些该函数返回值为真的索引所组成的集合的特征函数（characteristic function），因此我们也可以等价地把 S’的内涵看成一个集合，该集合包含并且仅包含一切使前述函数返回值为真的索引。

以上叙述过于抽象，让我们先解释其中涉及的关键概念“索引”。形式语义学中所谓的索引是对境况（situation）的形式描写手段。本文所需要描写的某境况只是处于某时间或时间段的某可能世界（possible world）①，因此我们所需要的索引引入两个坐标就够了，一个用于指示可能世界，另一个用于指示时间。如若分别使用 w 和 i 来表示某可能世界和某时间，那么由它们组合而成的索引可以表示为有序对⟨w，i⟩。

然后我们要说明，所谓内涵是什么。有关表达式的内涵和外延之分可以追溯到 19 世纪哲学家 Gottlob Frege ②。简单地说，如果说外延是某能指所指的某种具体的东西，那么内涵则是所有该能指所能指的该种东西的共性，这种共性可以将该种东西和其他东西分别开来。因此我们可以认为某表达式的内涵具有这样一种功能，即对于特定的世界－时间索引（境况），它能够帮助我们把处在索引的所有该表达式用来指谓的东西找出来。例如，我

---

① “可能世界”是莱布尼茨引入的概念。所谓可能世界即平行于现实世界，不无存在之可能的世界。例如我们完全可以构想一个可能世界，其中阿房宫未毁于战火而成了今日的世界文化遗产。可能世界理论虽不乏争议，然而在现代逻辑学，尤其是模态逻辑（Modal Logic）的讨论中被广泛采用，具有重要地位。

② Frege，G.（1892），Über Sinn und Bedeutung，English partial translation On Sense and Reference（excerpt）in Max Kölbel，viewed on 25 March 2013，⟨http：//www. ub. edu/grc_logos/files/1263459298－Sense&Reference. pdf⟩。

们可以认为汉语词汇“苹果”的内涵是一种“苹果性”，这种“苹果性”可以使得我们在不同的世界一时间索引里辨认出那些是“苹果”的东西；比如，在现实世界的所有时间里，我们根据“苹果性”辨认出的就是结在蔷薇科落叶乔木上的一种常见水果。

最后回到从句的内涵。一个陈述句所作的陈述可真可假，其真假取决于它所描述的场景是否合乎实际境况。所以说从句，或S’的内涵，指示了在某境况（世界一时间索引）下S’是否为真——这就是上文形式化定义的通俗描述。如果采取集合的看法，S’的内涵则非常符合我们直觉上对一句话的（逻辑学上的）内涵的认识：它描述了一切这句话能够成立的场景的特征。因此，从句（句子）的内涵在逻辑学中通常被称为“命题”（proposition）。我们此前和此后说到“两个实体和一个命题之间的关系”时的“命题”，指的就是这一意义上的命题。

2. 混宾动词的逻辑语义

对于表达式（11q），我们可以根据模型理论（model theory）来示范“解释”（interpretation），亦即确定它在某模型中的真值。示例严格的形式化解释过程需构建用于示例的模型，且解释过程繁复，耗费篇幅。考虑到本文的目的，此处从略。

我们真正关心的是，为何混宾动词的逻辑语义须使用充当直接宾语的从句的内涵语义。我们既已看见，使用从句的外延语义的翻译规则（7）是不合格的，因为它将导致从（8a—c）为真到（8d）为真这样明显违背逻辑的衍推（entailment）。现今需要说明，为何使用内涵语义的翻译规则（9）是合格的。

①莱布尼茨定律的失效

为说明（9）是合格的，我们先看它为何不会导致上述违背逻辑的衍推。为便查看，有关例句重复如下：

(13) a. 子路告诉子渊子贡出门了。

b. 子贡出门了。

c. 苏格拉底是雅典人。

d. 子路告诉子渊苏格拉底是雅典人。

e. （（告诉’（子渊’））（ˆ（出门’（子贡’））））（子路’）

f. 出门’（子贡’）

g. 雅典人’（苏格拉底’）

h. ˆ（出门’（子贡’））

i. ˆ（雅典人’（苏格拉底’））

j. （（告诉’（子渊’））（ˆ（雅典人’（苏格拉底））））（子路’）

我们约定，以下“解释”是相对于世界 w_1 进行的。世界 w_1 和现实世界几乎完全一致，只是在 w_1 中，子路确实曾经告诉过子渊子贡出门了，且当他如此告诉子渊时，子贡确实出门了。

按照约定，（13a—c）均成立，即（13e—g）相对于 w_1 均指谓真。但（13f—g）并不在逻辑上必然为真。我们完全可以构想一个世界 w_2，在 w_2 中，子路告诉子渊子贡出门了的时候，本来已经出门的子贡因为种种原因又回到家中，并且苏格拉底生活在斯巴达。同样我们可以构想一个世界 w_3，在 w_3 中，（13f）指谓真，而（13g）指谓假；又可以构想一个世界 w_4，在 w_4 中，（13f）指谓假，而（13g）指谓真。于是，若把（13f）的内涵亦即（13h）的指谓记作函数 φ，（13g）的内涵亦即（13i）的指谓记作函数 ψ，我们就应当说，φ 和 ψ 并不总是把相同的世界一时间索引映射到相同的真值，即（14）不一定成立，且实际上极可能不成立：

（14） $\forall m\,[\forall n\,[\varphi(\langle w_m, i_n\rangle) = \psi(\langle w_m, i_n\rangle)]]$

既然 φ 和 ψ 不一定相同，即（13h）和（13i）指谓不同，故不适用莱布尼茨定律，两者不能相互替换而维持表达式的值不变。故用（13i）对（13e）进行替换后得到的（13j）与（13e）并不等价。所以，由（13a—c）为真，我们不能衍推出（13d）。

②混宾动词和命题态度类动词的内在联系

接下来我们要说明，混宾动词和命题态度类动词的内在联系。后者的形式语义分析中使用的正是宾语的内涵语义。如果这种联系确实存在，也就不难理解混宾动词须使用内涵语义了。

上文曾提到，混宾句式的直接宾语位置表现出了和命题态度类动词宾语位置相似的特性，刚才说明的莱布尼茨定律在这个位置上失效就是一例。请看以下例句：

（15）a. 子路知道孔子是鲁国人。

b. 孔子是鲁国人。

c. 苏格拉底是雅典人。

d. 子路知道苏格拉底是雅典人。

e. （知道’（ˆ（鲁国人’（孔子’））））子路’

f. （知道’（ˆ（雅典人’（苏格拉底’））））子路’

显然，我们不能因为（15a—c）为真就断定（15d）为真。其原因由（15a）和（15d）各自的翻译（15e）和（15f）一望即知。

另一经典的例子[①]是有关所谓命题态度类动词的涉名（de

① 这一例子亦来自 Gottlob Frege（1892），同本书第 94 页注释②。

dicto）和涉实（de re）的歧义。请先看命题态度类动词的例句：

（16）a. 古人相信晨星是金星。

b. 晨星是金星。

c. 暮星是金星。

d. 古人相信晨星是暮星。

我们现代人知道（16b－c）都是事实：所谓晨星（Phosphorus）是古人在拂晓观测到的金星，暮星（Hesperus）是古人在薄暮观测到的金星。让我们假定（16a）成立，则（16d）可由莱布尼茨定律替换得到。一方面，在涉名解释下，（16d）并不能因（16a－c）成立就自动成立。所谓涉名解释是指依据名号进行的解释，在这种解释下，发话人以（16d）断言的是古人的一个信念，在此信念中，古人心目中的“暮星”是他们心目中的“晨星”。这一解释下的（16d）显然不是一定成立的，在古人的心目中，被他们分别称作“暮星”和“晨星”的是两颗不同的行星，虽然我们知道事实上两者实为一者，但这一事实在古人的信念之外。另一方面，在涉实解释下，（16d）则可自动成立。所谓涉实解释是指依据实际所指进行的解释，在这种解释下，发话人以（16d）对他自己以“暮星”这个名号的所指（金星）进行了一个断言，声称古人相信晨星就是这一所指。这一解释下的（16d）自然成立，因为此时“暮星”被用以指代的是古人的心目之外现实世界中距太阳第二近的行星。

我们发现，混宾句式中同样会遇到这种歧义：

（17）a. 子路告诉子渊晨星是金星。

b. 子路告诉子渊晨星是暮星。

在了解（16b－c）属实的情况下，若（17a）成立，（17b）

既可以因涉名解释而不能自动成立，也可以由涉实解释而自动成立。特别地，在混宾动词“告诉”的场合下，这种差异表现得非常浅显：我们可以说（17b）的涉名解释是发话人在原样转引子路的原话，而同一句话的涉实解释是发话人在对子路的原话进行自行转述。

混宾动词和命题态度类动词其他相似之处此不详述。两者种种共性绝非偶然。我们主张，这些共性应由词汇分解理论[①]来解释。所谓词汇分解是将单一词项分解为更基本的意义项。混宾动词本质上可以分解为轻动词[②]加命题态度类动词，例如，“告诉”可以分解为轻动词“使”加命题态度类动词“知道”[③]：

（18）a. 子路告诉子渊子贡出门了。

b. 子路使子渊知道子贡出门了。

（18a—b）在逻辑语义上是等价的；又如“提醒”可以分解为“使”加“想起”；“问”可以分解为“使”加“考虑”等

① 有关词汇分解理论的沿革，详细论述和案例分析参见 Dowty，D. （1979），*Word Meaning and Montague Grammar*，Dordrecht：D. Reidel Publishing Company。

② 所谓轻动词是 Chomsky 提出的表达语法范畴的动词，其语义为许多动词所共有。轻动词可以是有语音形式、在词库中实际存在的动词，也可以是没有语音形式，即零形式的。参见 Chomsky，N. （2008）*The Minimalist Program*，北京：外语教学与研究出版社（Original work published in 1995）；以及何元建（2011），《现代汉语生成语法》，北京：北京大学出版社。

③ 将“告诉”分解为“使”加“知道”在自然语言中有其证据，如日语表述告诉意义的常用词汇“shiraseru”即由动词“shiru”（知道）的活用形“shira”和“seru”（使役助动词）复合而成；又如拉丁语类似词汇“deceo”（告诉，通知）含词根“da—”，意为知道。

等①。混宾动词因此才继承了命题态度类动词的诸多特性。

混宾动词的可分解性，亦即它同轻动词和命题态度类动词的联系，可以由意义公设（meaning postulate）表出②：

(19) a. ∀p［∀x［∀y［（（告诉’（y））（p））（x）→（使’（（知道’（p））（y）））（x）］］］

b. ∀p［∀x［∀y［（（提醒’（y））（p））（x）→（使’（（想起’（p））（y）））（x）］］］

c. ∀p［∀x［∀y［（（问’（y））（p））（x）→（使’（（考虑’（p））（y）））（x）］］］

至此，我们已能清晰地看出混宾动词直接宾语使用内涵语义的根本原因：就某种意义说来，它实际上“隐含”了一个命题态度类动词。

以上解释还能提供其他便利。考虑到轻动词“使”自身语义的可分解性，即由（20a）可推知（20b），亦即意义公设（20c），

① 我们要强调，这里提出的是解决问题的一般方法，即通过词汇分解的途径来解释混宾动词与命题态度类动词的共性；而给出的个别混宾动词的分解方法——到底应该分解为哪一轻动词和哪一命题态度类动词——则只是尝试性的。毫无疑问，具体分解方法将涉及有关认知的讨论。在我们的给出的三个例子中，轻动词都是使役动词，但其他类型的轻动词亦不无可能。

② 以下意义公设中实质蕴含连接词右端是一种相当简化的“使役”表达，来自Cann，R.（2010），同第87页注释①。如Cann指出，对“使役”的逻辑语义进行严密分析需处理时制（tense），时态（aspect）和谓词相态类（aspectual classes of predicates）的问题。更重要的是，“使役”在这里处理作逻辑常量，而更恰当的途径是将之处理作非逻辑常量：算子或连接词；如果把“使役”处理为这两者之一，势必意义公设中实质蕴含连接词右端将完全改写。我们想再次强调，我们只是提出通过词汇分解理论来解决问题，处理“使役”的技术细节并无关要旨，并且也远远超出本文的范围。参见Dowty，D.（1977），Toward a Semantic Analysis of Verb Aspect and the English 'Imperfective' Progressive，*Linguistics and Philosophy*，Vol. 1，No. 1：45－77；以及Dowty，D.（1979），同第99页注释①。

（20）a. 甲使乙如何如何。

b. 乙如何如何。

c. ∀P［∀x［∀y［（使'（P（y）））（x）→P（y）］］］

我们就可以对混宾句进行如下推理：

（21）a. 子路告诉子渊子贡出门了。

b. 子渊知道子贡出门了。

根据（21a）推知（21b）的步骤如下：

（22）a. （（告诉'（子渊'））（^（出门'（子贡'））））（子路'）

b. （使'（（知道'（^（出门'（子贡'））））（子渊'）））（子路'）　　（19a）

c. （知道'（^（出门'（子贡'）））（子渊'）　　（20c）

五、上述分析的推广：双宾动词语义判别条件

有趣的是，我们此处解释混宾动词和命题态度类动词两者内在联系的途径能得到来自句法层面的支持。本文开头（3）中对包括混宾句式在内的各双宾句式的统一句法分析有求于词汇分解理论，因为在 VP 外壳结构本身就是由轻动词（v）带一个动词短语（VP）作宾语的结构。例如，一般双宾句式（1a）分析为由深层结构（23a）得到表层结构（23b）[①]，

（23）a. ［vP 张三［v' v［VP 李四［V' 送了 一本书］］］］

① 此处只是一简化分析，略去了对体貌词“了”的具体分析。

b. ［vP 张三［v′［v 送了 i］［VP 李四［V′ ti 一本书］］］］

（23a）中的轻动词 v 是个零形式的使役动词，动词“送”的语义仅相当于“拥有”。当后者移入前者[①]得到（23b），这时的“送”才是通常意义上的“送”。换言之，分析（23）将双宾动词“送”分解为了“使”加“拥有”。

既然如此，（19）中的意义公设就能自然而然地移植到混宾动词以外的其他双宾动词上去，得出以下意义公设[②]：

（24）a. ∀x［∀y［∀z［（（送’（y））（z））（x）→（使’（（拥有’（z））（y）））（x）］］］

b. ∀x［∀y［∀z［（（$吃_2$’（y））（z））（x）→（施加’（（$吃_1$’（z））（y）））（x）］］］

c. ∀x［∀y［∀z［（（$沾_2$’（y））（z））（x）→（使’（（$沾_1$’（z））（y）））（x）］］］

归纳（19）和（24），我们可以进一步得出对双宾动词（包括混宾动词）语义的一般认识：

（25）双宾动词在逻辑上对应三元谓词，建立三个实体或两个实体和一个命题之间的三元关系；并且可以分解为轻动词和另一对应二元谓词的动词，两者之间的意义联系可以由意义公设表

---

① 零形式的轻动词是一黏着语素，须依附于词根，故此处下层动词上移是强制的。参见黄正德（2007），同第 85 页注释①；以及黄正德（2008），从“他的老师当得好”谈起，《语言科学》，第 3 期。

② 第 100 页注②也适用于此处。另有三点说明：其一，“施加”意义的轻动词即相当于英文所谓“Do－to”；其二，“$吃_1$”即通常意义上的“吃”，亦即进食者与食物间的二元关系，而“$吃_2$”则是三元关系，进食者将自身与食物间的二元关系施加于作为蒙事者的第三方；其三，“$沾_1$”是二元关系，“$沾_2$”则相当于说“使…$沾_1$”。

出。

(25) 的严格形式化表达如下，

(26) 设 α 为类型〈e〉或〈s，t〉，β 为某类型①，则双宾动词 V_{dt} 至少满足以下条件：

a. V_{dt} 对应类型为〈e，〈α，〈e，t〉〉〉的谓词 δ_T

b. 存在轻动词 V_L 对应类型为〈β，〈e，t〉〉的谓词 δ_L，存在及物动词 V_t 对应类型为〈α，〈e，t〉〉的谓词 δ_D，使得意义公设 $\forall x[\forall y[\forall z[((\delta_T(y))(z))(x)\rightarrow(\delta_L(((\delta_D(z))(y)))(x)]]]$ 成立。其中 x 和 y 的类型为〈e〉，z 的类型为〈α〉。

有了以上定义，我们就可以通过形式手段，明确地在语义上将双宾动词同其他非双宾动词进行比较。条件（26a）可以排除一切论元结构不能对应三元谓词的动词，把它们和双宾动词区分开来②。如果放宽对（26）中 α 类型的限制，即允许 α 为类型〈s，〈e，t〉〉③，我们甚至可以认为兼语动词仅在逻辑语义上也可以和双宾动词同归一类。由此可知，兼语动词和双宾动词的根本

---

① β 的类型取决于对表使役意义等的轻动词的逻辑语义所采取的分析途径，参见第 100 页注②。在（19），（20）和（24）中，由轻动词所对应的逻辑谓词的表达式可知，我们都把 β 简单处理为了〈t〉，这种处理是存在问题的，这将导致涉及莱布尼茨定律的推衍错误。但简单地把 β 处理为〈s，t〉也是存在问题的，因为不难验证，对于非混宾动词的场合来说，这里并不存在内涵语境。

② 这种表述和顾阳及沈阳、何元建、顾阳的处理在本质上是一致的，只是此处采取了形式语义的表达方法。前者中对大量一度被认作双宾动词、而实际上不是的动词有详细讨论。参见顾阳（1999），同第 84 页注释②；以及沈阳、何元建、顾阳（2001），《生成语法理论与汉语语法研究》，哈尔滨：黑龙江教育出版社。

③ 这一逻辑类型即一元谓词的内涵的类型，后者在逻辑学中称为“性质”（property）。

区分在于句法①不在语义。

六、结　语

综上分析，混宾句式形式语义分析的关键在于使用内涵语义。如果说混宾动词属于双宾动词是从句法部门作出的论断，那么本文关于混宾动词和命题态度类动词内在联系的讨论则在语义上提供了新的证据。应用这两者的联系，推广而得到的双宾动词在语义上的判别条件则为识别双宾动词提供了客观依据。

参考文献：

［1］曹羽．现代汉语双宾结构的形式语义分析（手稿），2012.

［2］顾阳．双宾语结构．载徐烈炯主编．共性与个性：汉语语言学中的争议．北京：北京语言文化大学出版社，1999.

［3］何元建．现代汉语生成语法．北京：北京大学出版社，2011.

［4］黄正德．汉语动词的题元结构与其句法表现．语言科学，2007（4）.

［5］黄正德．从“他的老师当得好”谈起．语言科学，2008（3）.

［6］沈阳．何元建．顾阳．生成语法理论与汉语语法研究．哈尔滨：黑龙江教育出版社，2001.

［7］Cann，R.．Formal Semantics：An Introduction．北京：世界图书出版公司北京公司（Original work published in 1993），2010.

［8］Chomsky．N．The Minimalist Program．北京：外语教学与研究出

① 生成语法对此的分析参见何元建（2011），《现代汉语生成语法》，北京：北京大学出版社。

版社. (Original work published in 1995), 2008.

[9] Dowty, D, Toward a Semantic Analysis of Verb Aspect and the English 'Imperfective' Progressive, Linguistics and Philosophy, Vol. 1, No. 1: 45—77, 1977.

[10] Dowty, D, Word Meaning and Montague Grammar, Dordrecht: D. Reidel Publishing Company, 1979.

[11] Frege, G., Über Sinn und Bedeutung, English partial translation On Sense and Reference (excerpt) in Max Kölbel, viewd on 25 March 2013, 〈http: //www. ub. edu/grc _ logos/files/1263459298—Sense&Reference. pdf〉, 1892.

(香港中文大学语言学及现代语言系，中国香港新界沙田)

Analysis of 'Mix—object' Construction of Modern Mandarin in Terms of Formal Semantics

Cau Yu

(Department of Linguistics and Modern Languages, Chinese University of Hong Kong)

Abstract: In this paper, I present a discussion of formal semantics of mix — object construction of modern Mandarin within the framework of Montague Grammar. Following a previous discussion of general cases of double object construction of modern Mandarin, I provide a rigorous deduction of the translation of mix — object verb, along with a sentential and semantic derivation of mix — object construction as an illustration. I employ an intensional semantics—based analysis to address clausal objects taken by mix—object verbs, hence with correspondent reference to Possible World theory. Reasoning and arguments are given to my approach, so are various properties of intensional context a mix—object construction may bear, which may be ascribed to mix—object verbs' inherent connection to verbs of propositional attitude. Finally, I generalize the treatment for this connection to arrive at a formal condition to check whether a verb may be counted as double—object. For purpose of my discussion, tense and aspect are safely omitted with special note when necessary.

Key words: mix—object; double object; formal semantics; intensional semantics

汉语存现句中谓词部分的逻辑语义分析

卢秋蓉[①]

摘　要　汉语里表示什么地方出现、存在或消失什么东西常常用存现句的结构形式来表示，存现句中的动词后面常常用“着、了、过”等标记来表示存在、出现或消失等意义。但这些标记不是存现意义的唯一手段，也非传统语言学的方法和手段能描写和解释的。如果我们尝试着从形式语义学角度对汉语存现句中谓词部分的逻辑语义结构进行精细的描写和表示，也许更能全面地了解它的结构和意义。本文试图通过这样的尝试，探索汉语存现句中谓词特征的形式化处理问题。

关键词　汉语存现句；谓词结构；逻辑语义关系

---

① 作者简介：卢秋蓉，四川师范大学文学院 2011 级研究生。

从上个世纪 50 年代开始，吕叔湘先生在讲“有无句”时，对“存在句”① 有了界定以后，很多学者开始关注此语法现象。典型代表人物有范方莲②和宋玉柱③。纵观存现句研究文章，存现句的发展过程大致分为三个阶段。第一阶段局限于结构和归类；第二阶段有了实质性突破，开始深入句子结构内部，对它进行分段研究；第三阶段对存现句的研究表现在深度和广度上，对存现句本身的思考更多。随着西方结构主义的引入，很多学者从结构形式④、生成语法⑤、语义分析⑥、以及对外汉语教学⑦等方面对存现句进行多角度的研究。

不管从什么角度来分析存现句，必须先弄清楚存现句的界定问题。符合存现句结构形式的句型就是存现句吗？存现句应该具有什么特点？要回答这些问题，归根到底就是要对存现句作一个准确的界定。存现句的界定问题一直是各学界关注的焦点，究竟什么样的句型能进入存现句呢？宋玉柱先生（1963）在回答此问题时解释道：“存现句不仅要含有‘存现’语义，还要受结构的

---

① 吕叔湘（1942）在《中国文法要略》中认为这一类有无句单纯表示事物的存在，称作存在句[1]。

② 范方莲《存在句》,《中国语文》，1963（5）. 将存在句分为三段式研究，对各段进行描写以及归纳各段特点[2]。

③ 宋玉柱《略谈假存在句》，《中国语文》，1963（5），对存现句进行了界定[2]。

④ 陈庭珍（1957）《汉语中处所词作主语的存在句》一文中对存现句的结构做了分析。

⑤ 韩景泉《英汉语存现句的生成语法研究》，《现代外语》（季刊）第 24 卷，2001 年第 2 期（总第 92 期）。

⑥ 张成进《现代汉语存现句的语义价分析》，《广西大学学报》（哲学社会科学版），2010 年 2 月第 32 卷第一期。

⑦ 崔希亮《汉语作为第二语言存现句得研究》，《汉语学习》，2007 年 2 月。

制约，不能因为某种格式含有‘存现’语义就归为存现句；同理，存现句也要受语义的限制，不能因为某些与存现句结构格式相同就归为存现句。”简而言之，在确定存现句的界限时，不能只注重一方面，必须遵循形式和意义相结合的原则。至今学界对存现句的界定依然存在分歧，前人主要从认知功能语法、结构主义等角度对存现句进行了多方面的探讨，这些既有一些借鉴，又有一些遗憾。我们撇开以前的研究方法和研究视角，尝试着从形式语义学角度对汉语存现句中谓词部分的逻辑语义结构进行精细的描写和表示，也许更能全面地了解它的结构和意义。通过这样的尝试，或许有助于探索汉语存现句中谓词特征的形式化处理问题。在一定程度上归纳出存现句的逻辑语义表达式，这样便于计算机的识读和检索，也便于外民族人学习和掌握汉语中这种特殊句式。我们所研究的存现句在句法结构上主要表现为四种形式：一类是：NLoc①（处所词语）＋ VP（动词＋ 着/了/过）＋ NP（数量名短语）；二类是：NLoc（处所词语）＋ V（有）＋ NP（数量名短语）；三类是：NLoc（处所词语）＋ V（是）＋ 数量名短语（NP）；四类是：NLoc（处所词语）＋NP（数量名短语）。

存现句一般包括三要素：存现事物（NP）、存现方式（VP）、存现地点（NLoc）。其内部的逻辑语义结构关系表示为：VP’（NP，NLoc），考虑到集中性，我们暂。且把讨论的范围限于以“数量名短语”充当NP和“专名”充当NLoc的存现句，

① 崔希亮《汉语作为第二语言存现句的研究》，《汉语学习》，2007年2月。文中，Nloc表示存现句的A段，即“Nloc ＋V着（了）＋N”[3]。

本文对 VP 结构不做深入分析。由于谓语动词表示的语义特征各不相同，其内部又呈现出不同的关系和表达方式，所以，我们主要以谓语动词（VP）为中心，探讨谓语动词语义特征不同而呈现出不同的语义结构关系。

存现句的句法结构简单的描述为“NLoc ＋ VP＋ NP”形式，其语义焦点表示“存在、出现、消失了什么”。存现句的焦点或重点一般是谓语，所以在分析存现句的语义时，基本上是从谓词出发的。本文要探讨的存现句就是按照句法结构中谓词的不同来划分的，所以根据存现句的句法结构形式，使用逻辑谓词法来分析存现句谓词部分的逻辑语义特征。把具有复杂性语义特征的谓词结构部分形式化，便于计算机识读和对外汉语教学。

一、存现句“NLoc ＋ VP（动词＋着/了/过）＋ NP”①的逻辑语义结构关系

（一）存现句“NLoc＋V＋着＋NP”的逻辑语义结构关系

这种存现句的动词带动态助词“着”，“着”用在动词后面可以表示动作正在进行或动作结束后状态的持续。这类句子叫进行体存在句。从语义上，一种表示动态，一种表示静态。

1. 动态进行体存现句

(1) 天上飞着一只鸟。

从形式上，句子“天上”是方位短语作主语，表示处所；单

---

① 宋玉柱《存在句中动词后面“着”和“了”》，其中对“着”字的的意义有不同的解释，本文参考陆剑明的观点[4]。

独的动作动词“飞”加动态助词“着”，构成句子的谓语部分，表示存现方式；动词所涉及的存在宾语是“一只鸟”，表示存现事物。从语义上，“飞”这个动作动词有很强的动作意义，并且常常发生位置上的变化。“着”用在动词后面，可以表示动作正在进行或动作结束后状态的持续。当“飞着”组合在一起时，由于“飞”这个动作很强，再附着“着”这个助词，自然就让整个存现句呈现动态进行体①。存现句中谓语动词“飞”的语义特征表现为［＋持续］［＋动态动作］［－附着］，其存在事物是动作行为的施事者。从认知的角度，动作在时间上有“有界”和“无界”的对立；事物在空间有“有界”和“无界”的对立②。“飞”的语义还表现出［＋有界］和［＋无界］的特征，“一只鸟”的语义还表现出［＋有界］。从语用上，这类存现句是以背景意义为前提而出现的，描写性很强。从逻辑关系上，对这样的事件有不同的划分，我们认为一个完整的事件应该包括开始前的预备阶段、起始阶段、中间阶段、终止阶段和结束后的阶段或者结果状态（Lakoff & Johson1999)。“飞、走、跑”等这类动作动词的参与者既是施事又是移事时，存现句可以抑制这些动作的施事，而突出它们的移事。谓语动词是“飞”的参与者既涉及施事角色，又包括飞的状态。当“飞”这一动词带助词“着”时，它会促使整个句子抑制了其他阶段，而突出了“中间阶段”，即“飞的过程”。

---

① 华滢《存现句语义对谓语动词的制约》，《三门峡职业技术学院学报》（综合报）2006年3月第五卷第一期。

② 沈家煊《“有界”与“无界”》，《中国语文》，1995年第五期（总第248期）[5]。

存现句一般包括三要素：存现事物、存现方式、存现地点。按照这样的格式要求，这个句子的存现事物是“一只鸟”，存现方式是“飞着”，存现地点是“天上”，因此这个句子内部的逻辑语义结构关系描写为：“飞着＇(天上，一只鸟)”。

为了论述的集中性，我们只对谓语动词“飞着”所表示的语义特征进行深入、详细的描写和分析。根据前面的分析和描写，句子中的谓语动词结构（VP）“飞着”的逻辑语义表现为：飞＇(一只鸟) & 有＇(飞，着) & 有＇(飞着，动态动作持续)。

2. 静态进行体存现句

(2) 衣服上绣着一朵花。

从形式上，句子中“衣服上”是方位短语作主语，表存现地点；单独动作动词“绣”加动态助词“着”，“绣着”是句子的谓语部分，表存现方式；动词所涉及存现宾语是“一朵花”，表示存现事物。从语义上，“绣”这类动词的动作义比较弱，没有位置变化。当动词动作性比较弱的“绣”加上表持续的助词“着”时，自然就让整句呈现静态进行体存现句。存现句谓语动词“绣”的语义特征［＋持续］［－动态动作］［＋附着］，其存现事物是动作行为的受事宾语。从认知的角度，“绣”的语义还表现出［＋有界］［＋无界］，“一朵花”的语义还表现出［＋有界］。从语用上，这类存现句描述性比较强。从逻辑关系上，每一个事件都是一个完整的阶段，但动词“绣”非强调“绣”的过程，什么时候终止以及采取什么方式，而是凸显其动作结束后的状态。

这种存现句中存现方式是“绣着”，存现地点是“衣服上”，存现事物是“一朵花”。这个句子内部的逻辑语义关系描写为：“绣着＇(衣服上，一朵花)”。

为了论述的集中性，我们只对谓语动词“绣着”所表示的语义特征进行深入的描写和分析。根据前面的分析和描写，句子中的谓语动词结构（VP）“绣着”的逻辑语义表现为：绣（Φ，一朵花）& 有＇（绣，着）& 有＇（绣着，静态动作持续）& 有＇（绣着，附着）。

（二）存现句“NLoc＋ V＋了＋NP”的逻辑语义结构关系

这种存现句的动词带动态助词“了”，“了”用在动词后面，表示动作或形状的实现。宋玉柱先生把这类称作完成体存现句。从语义上，一类表静态，一类表动态。

1. 静态完成体存现句

(3) 周围盖了许多房子。

从形式上，“周围”是处所名词作主语，表存现地点；动词“盖”附着助动词“了”作句子的谓语，表存现方式；结果宾语“许多房子”作存现句的存现宾语，表存现事物。

从语义上，“盖”这类动词的动作义比较强，但谓语中心后面附加助词“了”，削弱了“盖”的动作义，强化了动作完成结束后呈现的事实。本句的结果宾语也凸显了动作完成后表现的一定结果。存现句谓语动词“盖”的语义特征［＋动态动作］［＋持续］，其存现事物是受事宾语。从认知的角度，谓词“盖”的语义还表现出［＋有界］［＋无界］，存现宾语“许多房子”的语义还表现出［＋有界］。从语用上，这类存现句呈现的是动作完成后的一种状态，往往叙述性会比较强。从逻辑语义上，受动态助词“了”的影响，动作动词“盖”的动作意义被弱化了，同时还抑制整个事件的其他阶段，却凸显了动作结束后的结束阶段或结束状态。

句中存现方式是“盖了”，存现地点是“周围”，存现事物是“许多房子”。这个句子内部的逻辑语义关系描写为：“盖了'（周围，许多房子）”。

为了论述的集中性，我们只对谓语动词“盖了”所表示的语义特征进行深入的描写和分析。根据前面的分析和描写，句子中的谓语动词结构（VP）“盖了”的逻辑语义表现为：盖（Φ，许多房子）& 有'（盖，了）& 有'（盖了，动态动作完成后的持续）& 有'（盖了，静态）。

2. 动态完成体存现句

（4）天边出现了一道彩虹。

从形式上，“天边”是处所名词作主语，表存现地点；动词“出现”附着助动词“了”作句子谓语部分，表存现方式；存现宾语“一道彩虹”表存现事物。从语义上，“出现”表示的动作义是瞬间产生的，动作达到某一个点时，就会瞬间爆发，其后附加个动态助词“了”，即表示瞬间完成后持续的结果。助词“了”字抑制了谓语的施事，而凸显动作结束后持续的状态。存现句谓语动词“出现”语义特征［＋动态动作］［－持续］［－附着］，其存现事物既不表示施事又不表示受事。从认知的角度，谓词“出现”的语义还表现出［＋有界］［＋无界］，其存现宾语“一道彩虹”的语义也表现出［＋有界］。从语用上，这类存现句描述性比较强。从逻辑语义上，动作动词“出现”本突出的是事件的中间段，加上助词“了”可以凸显动作结束后的结束阶段或者结束状态，而弱化事件的其他阶段。

这种存现句中存现方式是“出现了”，存现地点是“天边”，存现事物是“一道彩虹”。这个句子内部的逻辑语义关系描写为：

“出现了'(天边，一道彩虹)”。

为了论述的集中性，我们只对谓语动词“出现了”所表示的语义特征进行深入的描写和分析。根据前面的分析和描写，句子中的谓语动词结构（VP）“出现”的逻辑语义表现为：出现（彩虹）& 有'（出现，了）& 有'（出现了，动态动作完成或结束）。

（三）存现句“N Loc ＋ V ＋过＋ Np”的逻辑语义结构关系

这种存现句是动词带动态助词“过”，“过”用在动词后，表示曾经发生这样的动作或者曾经具有这样的性状。从语义上，一类表静态，一类表动态。

1. 静态经历体存现句

（5）窗子上贴过两张剪纸。

从形式上，“窗子”是处所名词作主语，表存现地点；谓语部分“贴＋过”表存现方式；存现宾语“两张剪纸”表存现事物。

从语义上，动词“贴”是瞬间动词，表“贴”的这一动作。本句在谓词后加“过”，则表示曾经有过这一动作。存现句谓语动词“贴”的语义特征［＋动态动作］［＋持续］［＋附着］，其存现句宾语“两张剪纸”是受事宾语。从认知角度，谓词“贴”的语义还表示出［＋有界］［＋无界］，其存现宾语“两张剪纸”的语义也表现出［＋有界］。从语用上，这类存现句是陈述一个事实，记叙性很强。从逻辑上，动作动词“贴”本突出的是事件的中间段，加上助词“过”，则表示曾经具有这样的状态，“贴＋过”组合会突出结束后的状态，弱化其他部分。

这种存现句中存现方式是“贴过”，存现地点是“窗子上”，存现事物是“两张剪纸”。这个句子内部的逻辑语义关系描写为：“贴过'（窗子上，两张剪纸)”。

为了论述的集中性，我们只对谓语动词“贴过”所表示的语义特征进行深入的描写和分析。根据前面的分析和描写，句子中的谓语动词结构（VP）“贴过”的逻辑语义表现为：贴（Φ，两张剪纸）& 有'（贴，过）& 有'（贴过，动态动作完成后持续的经历）& 有'（贴过，静态）。

2. 动态经历体存现句

（6）唐山发生过地震。

从形式上，“唐山”是处所名词充当主语，表存现地点；动词“发生”后面附着动态助词“过”充当谓语，表存现方式；名词“地震”充当存现宾语，表存现事物。从语义上，瞬间动词“发生”后面附着动态助词“过”让整个句子呈现“经历”的状态，即表示地震这件事情在唐山已经发生过了，成为一件过去的事了。谓语动词“发生”的语义特征［＋动态动作］［－附着］。从认知的角度，存现句的宾语“地震”的语义表现出［＋无界］，谓语部分“发生”表现出［＋有界］。从语用上，这种存现句的叙述性比较强。从逻辑语义上，谓词动词附着动态助词“过”，让其语义部分突出事件结束后的状态，而弱化了事件的其他部分。

这种存现句中存现方式是“发生过”，存现地点是“唐山”，存现事物是“地震”。这个句子内部的逻辑语义关系描写为：“发生过'（唐山，地震)”。

同样我们只对谓语动词“发生过”所表示的语义特征进行深入的描写和分析。根据前面的分析和描写，句子中的谓语动词结构（VP）“发生过”的逻辑语义表现为：发生（地震）& 有'（发生，过）& 有'（发生过，事件结束后的状态）& 有'（发生过，动态）。

二、存现句“N Loc + 有 + NP”[①] 的逻辑语义结构关系

这类存现句是只有动词“有”字充当谓语，“有”字在存现句中表达的语义［+存在］。如：

（7）房间里有一个人。

从形式上，“房间里”是方位短语作主语，表存现地点；光杆动词“有”充当谓语，表存现方式；数量短语“一个人”充当存现宾语，表存现事物。从语义上，“有”字是最能体现存现的语义的动词之一。单独的动词“有”就可以把句子意思传达清楚，因此不需要再加上其他补充部分。存现句谓语动词“有”的语义特征［+持续］［+存在］。从认知的角度，存现句的宾语“一个人”的语义表现出［+有界］，谓语部分不作考察[②]。从语用上，这种存现句叙述性比较强，其中“有+存现宾语”部分多是对主语部分的解释。从逻辑语义上，根据构式理论[③]，其语义部分会突出事件结束后的状态，而弱化了事件的其他部分。

这种存现句中存现方式是“有”，存现地点是“房间里”，存

---

① 此类分类来自于雷涛的《存在句的范围、构成和分类》，《中国语文》，1993 年第 3 期。

② 沈家煊《“有界”与“无界”》，《中国语文》，1995 年第 5 期，他指出：“静态的存在跟动作在时间上的有界无界没有什么关系。”因此在此也不作考虑。

③ 谓语部分表达的基本意义“有”或者“存在”，这一意义是该构式固有的，并由构式强加给出现在这一位置的动词。

现事物是“一个人”。这个句子内部的逻辑语义关系描写为：“有（房间里，一个人）”。

为了论述的集中性，我们只对谓语动词“有”所表示的语义特征进行深入的描写和分析。根据前面的分析和描写，句子中的谓语动词结构（VP）“有”的逻辑语义表现为：有（房间里，一个人）& 有'（有，存在状态）& 有'（有，持续）& 有'（有，静态）。

三、存现句“N Loc ＋ 是 ＋ Np”[①] 的逻辑语义结构关系

这类存现句是只有动词“是”字充当谓语，在句中表达的语义是［＋存在］[②]。如：

（8）桌子上是一本书。

从形式上，“桌子上”是方位短语作主语，表存现地点；单独的谓语“是”充当谓语，表存现的方式；存现宾语“一本书”表存现事物。从语义上，“是”在本句中是存在意义，并且“是”的此义只能出现在存现句中。存现句谓语动词“是”的语义特征［＋持续］［＋存在］，其存现宾语是受事。从认知的角度，存现句的宾语还表现出［＋有界］。从语用上，这种句子多是静态的叙述。从逻辑语义上，“是”字的动作性比较弱，充当存现句谓语时，就会凸显事件结束后的状态，弱化事件的其他部分。其内

① 此类分类来自于雷涛的《存在句的范围、构成和分类》，《中国语文》，1993 年第 3 期。

② 《现代汉语词典》对“是”的解释中，有“存在”这一义项，但这是专门为存在句设立的。

部的逻辑语义结构跟“第2部分”一样，暂不赘述。

四、存现句“N Loc + 数量词短语/NP”的逻辑语义结构关系

（一）定心谓语存在句①

（9）山谷里一片青青的森林。

从形式上，本类存现句只有两个部分，实质的谓语部分省略了，从而使数量词短语充当谓语。“山谷里”是方位短语作主语，表存现地点；“一片青青的森林”是存现宾语，表存现事物。从语义上，谓语部分省略了存在语义，其等价于“山谷里有/是一片青青的森林”。从认知的角度，存现宾语“一片青青的森林”的语义表现[+有界]。从语用上，这类存现句的描述性比较强，经常都是在叙述一种事实。从逻辑语义上，既然本句可以补充谓语“存在”或“有”部分，逻辑语义关系上和“有”或“是”字存现句的解释是一样的。

（二）名词谓语存在句②

（10）满脸青春美丽痘儿。

从形式上，表地点的抽象名词“满脸”作主语，表存现地点；名词短语“青春美丽痘儿”充当谓语，表示存现事物；其实质的谓语部分省略了。从语义上，谓语部分“都是”可以补充出来。存现宾语既不是施事又不是受事，其语义在认知上还表现出

① 宋玉柱称这类名词性偏正词组充当谓语的存在句为定心谓语存在句。

② 宋玉柱先生提出的名词谓语存在句。

［＋有界］。从语用上，这类存现句的描写性比较强。从逻辑语义上本句突出一种状态，弱化事件其他部分。

第四种存现句不同于其它三类存现句，省略了谓语部分。这些存现句中谓词省略，不便对其中谓词所表示的语义特征进行逻辑语义分析。

以上就是从形式语义学角度对汉语存现句中谓词部分的逻辑语义结构进行精细的描写和表示。试图通过这样的尝试，探索汉语存现句中谓词特征的形式化处理问题。本文与蒙太格语法的PTQ英语系统①及Dowty系统②相比，略去了许多方面的内容，没有内涵问题的处理，也没有个体概念以及命题态度词的讨论，对于存现句中前段的存现处所、后段的存现事物的逻辑语义特征简化处理。句法生成的量化规则，名词、动词以及句子的合取与析取规则也暂且略去。对存现句的前段存现处所和后段存现事物的逻辑语义特征分析的讨论留待进一步的研究，构建汉语存现句的形式语句系统的工作也是今后的期待。本文仅仅是从谓词逻辑角度出发，对存现句内部谓词的逻辑语义特征进行了形式化描写和分析，这是对自然语言形式语义学问题的一次探索。

参考文献：

［1］吕叔湘．中国文法要略［M］．北京：商务印书馆，1942.

［2］雷涛．存在句研究纵横谈［J］．汉语学习，1993.

---

① PTQ系统是The Proper Treatment of Quantification in Ordinary English的简称[7]。

② Dowty系统是Studies in the Logic of Verb Aspect and Time Reference in English的简称[8]。

[3] 崔希亮. 汉语作为第二语言存现句的研究 [J]. 汉语学习，2007.

[4] 陆俭明. 现代汉语语法教程 [M]. 北京：北京大学出版社，2003.

[5] 沈家煊. 不对称和标记论 [M]. 南昌：江西教育出版社，1999.

[6] Lakoff, G. & M. Johnson. 1999. *philosophy in the flesh* : *The embodied mind and its challenge to western thought* [M]. New York : Basic Books.

[7] Montague, Richard (1973): The Proper Treatment of Quantification in Ordinary English. In R. Thomason (ed.) (1974): *Formal philosophy. pp.* 247—270. *New Haven : Yale Univ. Press.*

[8] Dowty, Dacid (1972): Studies in the Logic of Verb Aspect and Time Reference in English. *Doctoral Dissertation. University of Texas at Austin.*

（四川师范大学文学院，四川成都 610068）

Logic Semantic Analysis Regarding Predicate of Existential Sentences in Chinese

Lu Qiurong

(College of Liberal Art, Sichuan Normal University; Chengdu Sichuan, China; 610068)

Abstract: In Chinese, the Existential Sentence is used for fordescribing the place where something appears, exists or disappears, which is presented by the verb of the sentence followed by "existing, finishing, or passing". However, these marks are not the only way to convey the meaning of existence, neither do the description nor explanation in traditional linguistics. If we try to describe and indicate the logic semantic of the predicate in the Chinese existential sentence from the formal semantics aspect deliberately, we may get a more comprehensive understanding of its construction and meaning. Besides, we can do some researches on the formal disposing problem of the predicate characteristics in the Chinese existential sentence through this trial.

Keywords: Chinese existential sentence; Predicate construction; Logic semantic relation

浅析属性词的语法特征①

刘思言②

摘　要　在现代汉语所有词类里，属性词作为词类被明确划分出来是目前最晚的，它是表示事物属性的一类词。随着新兴事物的产生，属性词的成员也不断在增加，其内部成员很活跃，语法功能很容易发生游移，在这个过程中难免会与其他词类产生一些关联。本文从词的语法功能角度比较属性词与形容词、名词以及动词的异同，进一步明确属性词的语法特征。

关键词　属性词；形容词；名词；动词；比较

①　基金项目：本文系四川师范大学研究生优秀论文培育基金项目（校研字［2013］14号—50）前期研究成果。

②　作者简介：刘思言（1989— ）女，四川绵阳人，四川师范大学文学院2011级硕士研究生，语言学及应用语言学专业。

语法学界普遍认同的词类划分标准有三条：词的语法功能、形态和意义，其中语法功能是现代汉语中区分词类最主要的标准。但是，“词的语法功能指的是这一类词语法上的共性”[1]207，而齐沪扬认为用共性作为划分词类的标准失之过宽，他提出用词的“必要功能”来划分词类。“必要功能”是指这一类词在语法结构里必须占据的语法位置，即指这一类词在短语或句子的组合中与其他的词必然发生的接触关系和充当的成分。词类的必要功能，使得这一类词具有对内有普遍性、对外有排他性的本质性特点。

必要功能包括“必需功能”和“不容许功能”，必需功能指某一类词所必须具有的语法功能，不具有这种功能的就不属于这类词。比如，属性词一定可以作定语，不能作定语的就不是属性词。不容许功能是指某一类词不允许具有这种语法功能，具有这种功能的则不属于这类词。比如，属性词不能作谓语，能作谓语的词不是属性词。一个词类的语法特征必须同时具备这两个功能。[1]208

属性词是指“大型、二手、半自动”等表示事物属性的一类词，是近年来才被提出的一种词类，它的主要语法功能是做定语。《现代汉语词典》2005 年第 5 版第一次全面标注了词类，并且将这类词归入形容词下，与状态词并列，称之为“属性词”。我们在分析属性词的语法特点的时候，可以看出它与其他词类有许多不同之处，同时，我们也发现属性词与某些词类存在相似的地方，比如属性词最主要的语法功能是充当定语修饰，而名词、形容词以及动词同样具有这一特点。因此，本文我们将对属性词和形容词、名词以及动词进行比较，分析他们在语法功能上的异同，进一步明确属性词的语法特点。

一、属性词与形容词

吕叔湘先生称属性词为“非谓形容词”[2]81−85，因为属性词和形容词在词义上有一定的联系，属性词是表示事物属性的词，形容词表示事物的性质，并且它们都能做定语修饰名词成分，但属性词不具备谓语性，不能作谓语。因此称之为“非谓形容词”。属性词应该单独成类还是应该归入形容词？我们可以通过比较二者的语法功能来说明这个问题。

1.1 属性词与形容词的相同点

属性词和形容词在语法功能和分布上具有一致性。

第一，属性词和形容词都可以作定语。

属性词的必要功能是作定语，修饰名词成分，这也是属性词最主要的语法功能，形容词的必要功能是作谓语，但同时也具有“作定语”这一语法特点，例如：

短篇小说　数字生活　平跟鞋　高仿的皮包　上等的红酒（属性词）

蓝天白云　红太阳　正式员工　漂亮的衣服　精彩的电影（形容词）

第二，属性词和形容词都能构成“的”字结构。

属性词与形容词都可以加“的”放在“是”的后面作为“是”的宾语，但是要注意，属性词本身是不能单独作宾语的，这与形容词有所区别。例如：

(1) 他的能力是一流的。(属性词)

(2) 这个电视是高清的。（属性词）

(3) 有两种颜色，一种是红的，一种是白的。（形容词）

第三，属性词和形容词都不受数量短语修饰。

从语义上看，属性词是表示事物属性的词，形容词是表示事物性质和状态的词，它们本身都不具有“数”的概念，这使得属性词和形容词都不能被数量短语修饰。以下例句不能成立：

* 一块金　两个男　一个高仿　一种大型（属性词）

* 一种认真　几点红　三位漂亮　（形容词）

从语法功能上看，属性词、形容词与数量词都能修饰后面的名词成分，然而前文我们已经提到，属性词、形容词与数量词在语义上不相容，因此有时我们看到数量词和属性词或者形容词同时出现的情况时，数量词与属性词或者形容词并没有发生关系，例如：

(4) 一个大型工厂（属性词）

(5) 三个红苹果（形容词）

在这里，数量词“一个”和属性词“大型”不存在限定关系，数量词“三个”和形容词“红”也并没有发生关系，数量词修饰的是后面的名词。

正是因为属性词和形容词有以上几点相同的语法功能，特别是都能作定语这一点，使得人们在区分二者时常常造成混淆，那么该如何区分属性词和形容词呢？对于这个问题，齐沪扬先生提出可以以词的“必要功能”作为区分这两类词的标准。属性词的必要功能是作定语，而形容词的必要功能是作谓语，这也是二者最主要的区别，下面我们继续分析属性词和形容词的不同点。

1.2　属性词与形容词的不同点

属性词和形容词虽然在许多方面有共性，但它们之间还存在着重要差异。

第一，属性词不能作谓语。

属性词在充当句子成分时只能作定语，不能充当谓语，例如：

（6）他得到了全额奖学金。

（7）买一副隐形眼镜。

而形容词的谓词性决定了它既可以作定语，也可以充当谓语。例如：

（8）这里环境优美。

（9）今天天气凉爽。

在这些例句中，形容词“优美”、“凉爽”在句中作谓语，属性词“全额”、“隐形”在句中作定语，修饰后面的名词。由于属性词既不是体词，也不是谓词，因此没有谓词性，不能作谓语。

在特殊情况下属性词也能充当谓语，例如：

（10）这两篇小说都不错，一个短篇，一个长篇。（短篇——长篇）

在这个例句中，属性词是成对出现的，并且在句中作复指成分。

第二，属性词前通常加“非”进行否定。

形容词可以被“不”修饰对原词进行否定，例如：

不舒服　不开心　不好看　不热（形容词）

而属性词在使用其否定形式时，一般在前面加前缀“非”，例如：

正式——非正式　原则性——非原则性（属性词）

根据《现代汉语词典》（第6版）中对“不”和“非”的解释，副词“不”一般用于动词、形容词和其他副词前面表示否定；而“非”作前缀时，常用在一些名词性成分前面，表示不属于某种范围，因此形容词和属性词的否定形式有所不同。有一点需要注意，由于属性词具有一一对应性，因此我们在进行否定时较多使用其对应的那个词，这样更加简洁方便。例如：

必修（课）——非必修（课）——选修（课）

直系（亲属）——非直系（亲属）——旁系（亲属）

另外，受文体的影响，现代汉语中的“非”带有文言文的色彩[1]221，因此“非+属性词”的用法较多的是在公文、通知等比较严肃、庄重的场合下使用。

第三，属性词不能受程度副词修饰。

从语义上看，由于属性词具有区别事物类型的作用，对事物进行分类时本身就带有程度性，比如“大型”工厂和“小型”工厂，通过属性词“大型”和“小型”的区分，我们就能了解该工厂的规模，因此属性词不能再受“很”、“非常”等程度副词的修饰。形容词大都能受程度副词的修饰，这里的形容词指“紧张”、“放松”、“大”等性质形容词。

也有少数属性词可以受程度副词“最”修饰[3]，当句子中有两个以上的同类事物进行比较，需要更加明显的区分时，我们可以使用前缀“最”来体现，例如：

（11）这是一台最<u>新型</u>的电视。

（12）我们需要的不仅是高级人才，而且是最<u>高级</u>的人才。①

① 引用自北大语料库，有一定的增减。

郭锐《现代汉语词类研究》用详细的统计数据说明了形容词的常见功能和特点，这里援引郭锐先生的对形容词相关属性的统计数据[4]196—198，并与属性词进行对比，我们可以从下表清楚地看出属性词和形容词的不同之处：

语法特征	形容词	属性词
能否作谓语	99.47%的形容词可以作谓语	不能
能否受程度副词修饰	98%的形容词可以受以“很”为代表的绝对程度副词的修饰	不能，少数能被“最”修饰
否定形式	94%的形容词可以受“不”的否定	否定时前加“非”
能否受状语修饰	97%的形容词能受其他状语的修饰	不能
能否带补语	83%的形容词可以带补语	不能
能否作补语	69%的形容词可以作补语	不能
能否带助词	72%的形容词可以带助词“了”或“过”	不能
能否作主、宾语	93%的形容词可以做主语、宾语；	不能
能否作定语	只有29%的形容词可以作定语；	能
能否作状语	12%的形容词可以直接作状语；	不能
是否有重叠形式	15%的形容词有相应的重叠形式	没有

从以上的数据我们可以看出，属性词和形容词在语法特点上

具有明显的区别，不能仅仅因为二者在词义上有联系就把他们划为同一词类，在划分词类时要更多的关注其本质的不同。

郭锐先生认为，词类是以词的词汇层面的表述功能为内在依据而进行的分类，词类的本质就是词的表述功能。表述功能有四种基本类型：陈述、指称、修饰、辅助，与此对应的词类分别是谓词、体词、饰词、虚词[4]83-92。因此作为谓词的形容词，其本质功能是陈述，属性词最主要的语法功能是作定语修饰名词成分，其本质功能是修饰。本质的不同决定了属性词和形容词不能被划为同一个词类，因此《现代汉语词典》在划分词类时，将属性词归入形容词下面作为形容词的一个附类，与状态词并列，这显然是不恰当的，应该将属性词从形容词中独立出来而单独成类。

二、属性词与名词

属性词和名词之间的差异相对于属性词和形容词比较明显，二者在语法功能上的差异较大，在使用时不容易发生混淆。但是正如我们前面所提到的，属性词的增长率很高，是功能最容易发生游移的一个词类[5]1-3，人们在划分词类时容易产生偏误，因此需要我们特别注意。

2.1 属性词与名词的相同点

属性词和名词在语法功能和分布上也具有一致性。

第一，属性词和名词都能作定语，修饰名词。

属性词作定语修饰名词的情况我们在前面已经详细分析过了，这是属性词主要的功能之一。名词的主要语法功能是作主语和宾语，同时部分名词也能作名词的定语，例如：

木头房子　黑米粥　纸飞机（名词）

我们判定这里的“木头、黑米、纸”是名词而非属性词，因为它们除了可以作定语修饰名词外，这几个词还能在句子成分中作主语、宾语，能受数量短语修饰。例如：

（13）黑米是一种很有营养的食物。（作主语）

（14）那是一块木头。（作宾语、数量短语修饰）

第二，属性词和名词都不受程度副词的修饰。

名词的本质功能是指称，表示人或事物的名称，包括时间、处所、方位的词在内，并不存在于表程度的语义范畴，而名词本身不能被副词修饰，因此名词一般不能被程度副词修饰。但是这种说法在今天看来比较绝对，由于语言运用在不断发展变化，我们常常看到程度副词“很＋名词”的用法，例如：很成都、很男人、很中国等，这类名词有一个共同特点，它们的语义中都包含一种描述性的语义特征。由于前文已经分析过属性词不能受程度副词修饰的情况，在这里我们就不再赘述。

2.2　属性词与名词的不同点

名词的主要语法功能是充当主语和宾语，而属性词不能单独充当主语和宾语。

名词属于体词范畴，体词的必要功能是作主语和宾语，因此这也是名词所具有的典型的语法功能，而属性词具有非体词性的特点，不能在句子中单独充当主语和宾语。我们也把这一特点作为区分名词和属性词的标准。在特殊情况下，属性词可以充当主语和宾语，齐沪扬先生在《现代汉语空间问题研究》中列举了属性词作主语和宾语的三种情况：

第一种，对举句式。例如“肝炎这种病急性好治，慢性难医”。

第二种，固定搭配。例如“原来判无期，后来改判有期”。

第三种，修辞用法，即用类别、型号、式样来代替事物本身。例如“给我二两一级（茶叶），一两二级”。[1]254

通过分析我们发现，属性词和名词虽然在词义上差异比较明显，但是随着属性词的变化发展，其用法也逐渐向其他词性偏移，名词与属性词被误认的情况常常存在。例如，“主导”一词，在《现代汉语词典》第5版中被标注为属性词，由于“主导”能单独作宾语，因此在第6版中被标注为名词。

三、属性词与动词

属性词和动词在本质上有很大的不同，而我们之所以将属性词和动词进行比较，是因为在我们统计《现代汉语词典》中的属性词时发现有一些属性词转化成了动词，例如“敌对”、“兼任”、“疑似”等词。

3.1　属性词与动词的相同点

与名词、形容词相同，动词与属性词相同的语法功能也是在句中作定语修饰名词，例如：

“炸薯条”、“杀毒软件”、“炒青菜”（动词）

在这里我们之所以判定“炸、杀毒、炒”是动词而不是属性词，是因为除了作定语，这些词还能充当谓语等其他句子成分。

3.2　属性词与动词的不同点

第一，属性词不能充当谓语。

大多数动词可以单独充当谓语，而属性词因为不属于谓词范畴，不具有谓词性特征，因此不能在句中充当谓语。例如上述例句中的动词作谓语时可以说：

(15) 麻烦炒一份青菜。

(16) 需要给电脑杀毒。(动词作谓语)

第二，属性词不能受否定副词修饰。

大多数动词都能受否定副词“不”、“没有”修饰，例如“不去”、“没有说话”等，而属性词没有这一功能。

第三，属性词不能带补语。

动词大多数能在后面带补语，例如“跑得快”、“叫醒我”等，属性词不能带补语。

第四，属性词不受状语修饰。

大多数状语可以直接修饰动词，例如：

(17) 这次演唱会我们集体购票。

(18) 他把这本书从头到尾地看了一遍。

属性词不能被状语修饰。

第五，不能带“着、了、过”。

大多数动词可以带动态助词“着”、“了”、“过”，例如：

(19) 门开着，灯亮着。

(20) 他不由得皱了一下眉头。

(21) 他提起过这件事。[6]42

而属性词不能带补语。

通过以上分析，我们可以看出动词与属性词相同的功能也是可以作定语修饰名词，动词和形容词一样属于谓词范畴，也具有谓词性，因此动词还可以充当谓语等其他句子成分，这是动词的必要功能，也是区别于属性词的一点。

四 属性词的语法特点

通过以上的对比，我们看出属性词与其他词类在语法特征上有很大的差异，因此我们可以将属性词的语法特点归纳如下：

1. 作定语，修饰名词。这一点是属性词最主要的语法功能，也是我们最常使用的一种功能。如前面所例举的“短篇小说”、“数字生活”等都体现了这一特点。名词、形容词以及动词都有这一特点；

2. 大多数属性词能构成“的”字短语，并能用于“是……的”句式；

3. 属性词一般具有对应性，常常成对出现；

4. 否定时前加“非”，这是属性词与形容词的区别之一；

5. 不直接受数量短语修饰，这一点区别于名词；

6. 不能受“很、非常、太”等一般程度副词修饰，区别于形容词。在两个以上的同类事物进行比较时，部分属性词能被程度副词“最”修饰，这时“最＋属性词”只能用于“是……的”结构作定语，例如：

(22) 这是今年最新型的一款手机。

7. 区别于名词，属性词一般不能在句中作主语或宾语，以下两种特殊情况除外：

A. 对举句式，例如：

(23) 肝炎这种病急性好治，慢性难医。

在这个句子中，谓语由两个主谓短语充当，而属性词“急性”、“慢性”在这两个主谓短语中作主语，这是属性词作主语的特殊情况。

B. 固定搭配，例如：

（24）要获得保送资格，他需要拿一个一等。

这里的属性词“一等”后面省略了中心语“奖学金”，但是省略之后并不影响人们的交流，因为其省略的部分是众所周知的，这一点符合语用机制中的“合作原则”和“经济原则”。因此属性词的这种用法需要在一定的条件下才能使用。

8. 一般不能在句中作谓语，当属性词在句中作复指成分时可以充当谓语，这一点区别于形容词和动词；

9. 不能充当状语或补语，且后面不能带“着、了、过”，区别于形容词和动词；

10. 属性词没有重叠形式；

11. 用属性词进行提问时，不能使用“肯定＋否定”的形式，例如我们不能说：“大型不大型？”“亲生不亲生？”

郭锐先生在《现代汉语词类研究》中给出了划分属性词的标准：

【的】〈名词〉^*（〈主语、谓语、宾语、状语、补语〉）/很（不、没、没有）～/～（着、了、过、起来、下去）

即属性词可以直接修饰或加“的”修饰名词，属性词不可以作主语、谓语、宾语、状语、补语，不可以受副词“很、不、没、没有”的修饰，后面不能带“着、了、过、起来、下去”。[4]226

通过下面的表格，我们可以更加清楚地了解属性词的功能特点，以及与形容词、动词和名词之间的区别。其中“＋”表示该词符合这一特点，“—”表示该词不具备这一功能。

序号	词类	属性词	形容词	名词	动词
1	作定语，修饰名词 构成“的”字短语；	+	+	+	+
2	“是……的”结构	+	+	+	+
3	成对出现	+	+	—	—
4	否定用“非”	+	—	—	—
5	受数量短语修饰	—	—	+	—
6	受一般程度副词修饰	—	+	—	—
7	作主语、宾语	—	+	+	+
8	作谓语	—	+	+	+
9	作状语	—	+	±①	—
10	作补语	—	+	—	+
11	后面带“着、了、过”	—	+	—	+
12	重叠形式	—	+	—	+
13	“肯＋否”提问	—	+	—	+

从这个表中我们可以看出，属性词和其他词性在语法功能上有很多不同的地方，并且有一些独有的特征，所以属性词从其他词性中分离出来单独成类是有道理的。

① 时间名词、处所名词可以做状语

参考文献：

[1] 齐沪扬. 现代汉语空间问题研究 [M]. 上海：学林出版社，1999.

[2] 吕叔湘、饶长溶. 试论非谓形容词 [J]. 中国语文，1981.

[3] 刘庆伟. 现代汉语区别词研究述评 [J]. 内蒙古大学学报（哲学社会科学版），2009 (1).

[4] 郭锐. 现代汉语词类研究 [M]. 北京：商务印书馆，2004.

[5] 李宇明. 非谓形容词的词类地位 [J]. 中国语文，1996 (1).

[6] 黄伯荣、廖序东. 现代汉语（增订第三版）[M]. 北京：高等教育出版社，2002.

[7] 陆脉、陈茜菲. 区别词和形容词的界限浅谈 [J]，语言理论研究，2006 (2).

（四川师范大学文学院 四川 成都 610066）

The Brief Analysis on the Grammatical Features of Attributive Words

Liu Siyan

(College of Liberal Art, Sichuan Normal University; Chengdu Sichuan, China; 610068)

Abstract: In all the words classes of modern Chinese, attributive words are the latest one which has been clearly divided as a word class. Attributive words present the attribute of things. New attributive words are born continuously with new things' arrival. The members of attributive words are so active that they may have function shift. In the process, it's hard to avoid some relevance between attributive words and other words classes. In order to further define the grammatical features of attributive words, this article analyzes the difference and similarity of attributive word, adjective words, nouns and verbs.

Keywords: attributive words; adjective; noun; verb; comparison

《汉语教材》与成都话声母系统比较[①]

袁雪梅　周泳伶[②]

摘　要　近代传教士编写的四川方言教程《CHINESE LESSONS for First Year Students in West China》在很大程度上体现出20世纪初四川方言、尤其是成都话的基本特点。论文对《汉语教材》和今成都话声母系统的主要差别进行比较。

关键词　《汉语教材》；成都话；声母

一、材料背景

新发现近代传教士编写的方言教材《CHINESE LESSONS

① 基金项目：四川省哲学社会科学规划重点项目（2012），近代四川方言文献语音研究，项目编号SC12A006。教育部人文社科基金项目“四川方言史”。

② 作者简介：袁雪梅，女，（1967—），四川雅安人，教授，博士，研究方向为汉语史。周泳伶，女，四川师范大学文学院语言学及应用语言学专业硕士生。

for First Year Students in West China》（以下简称《汉语教材》），成书于20世纪初，由加拿大籍医学传教士启尔德编著。这是目前所见第一部由外国人编纂正式出版的的四川方言教程。

启尔德于19世纪末来到四川，创建了四川地区第一家西式医院——福音医院，并积极参与了华西协和大学医科专业的筹建。为了使华西协和大学医科专业的学生尽快适应在华西协和大学的学习、生活，尽快入乡随俗，启尔德根据自身在这一地区多年的工作、生活经验，编写了这本中文方言教材。

启尔德在学习和使用汉语的过程中，认识到了汉语区别于其母语的一些特点，在教材中对汉语和英语语法方面的差异进行了辨析。作者在该书前言中讨论关于语言学习的相关问题时，强调方言学习的重要性。他认为，要在方言区从事相关工作，必须注重口语学习，尤其要关注方言口语的问题。他认为，“把我们自己局限于书本词汇和词组的话，也必然是行不通的。我们应使语言与周围环境相适应，这样我们的知识范畴和个人经验将会得以拓宽”。关于学习的对象，启尔德也有自己的认识：“中国上层阶级使用的表达被视为大众口语，尽管这些表达在书籍、报刊、杂志或其它地方上未必出现。我们应该毫不犹豫地利用中国有文化的人经常挂在嘴边的表达。我清楚地记得我的第一位老师曾认真地向我说明俗语‘DJER’和‘LER’（“这”和“那”成都人的发音）的错误使用。我通常照字典的规范发音说成‘DJE’和‘LA’。一两天后我在院子里向老师打招呼，他立即大声回答‘DZAI DJER’。”

启尔德时常外出行医传教，荣县、乐山、自流井（今自贡）等地都留下了他的足迹，他的儿子启真道就出生在嘉定（今乐山）。启尔德非常注意观察四川各地方言的特点。在教材前言中，他谈到，重庆话中，句子多以 GO^4 结尾；嘉定（今乐山）话方言众多，形成了一个独特的方言区域；荣县话中后鼻韵母 ANG 全部读作前鼻韵。他还对四川方言与中国其它地方话进行比较，比如，“荣”在中国大部分省份读作 JUNG，但四川读作 YUIN。

《汉语教材》共 32 课，内容以真实的工作、生活场景作为背景，如第一课《同教书先生说话》，第三课《请打杂》，第二十四课《送信》；形式上全是实景中的人物对话，依次为汉语句子、英文解释、罗马字注音、句子中生词的注音和解释。解释的内容极为丰富，凡外国人不易理解的部分都是其解说的对象。

《汉语教材》以外国人的视角为出发点，由外国人编写中文方言教材，教外国人学习四川方言，在很大程度上体现出了当时四川方言、尤其成都话的基本特点，为研究 20 世纪初四川方言提供了珍贵的语料。

二、《汉语教材》音系简介

《汉语教材》共出现汉字 821 个（不计重出），其中正文和解释文字中用罗马字注音的 812 个，在解释文字中未注音的 17 个，基本能归纳出当时成都话语音（读书音）系统。

《汉语教材》音系根据该书罗马字注音整理而成，其注音符号与国际音标存在着比较明确的对应关系：

教材注音	B	P	M	F	D	T	L	N	G	K	H	NG
国际音标	p	ph	m	f	t	th	l	ȵ	k	kh	x	ŋ
教材注音	DZ	TS	S	HS	DJ	CH	SH	R (J)	零			
国际音标	ts	tsh	s	ɕ	tʂ	tʂh	ʂ	ʐ	ø			
教材注音	A	O	E	I	U	ü（ū）	Y	ï	ER (IR)			
国际音标	a	o	ᴇ	i	u	y		ɿ，ʅ	ɚ			

H 兼作入声字韵尾，如“法”FAH2；I 开头的零声元音节中，I 记为 Y，如“要”YAO4，或前加 Y，如有“有”YIU3；ü 开头的零声元音节记作 YU，如“匀”YUIN2；U 作介音也可记为 W，在零声元音节开头记为 W。

1. **《汉语教材》声母系统**

《汉语教材》声母共 21 个（含零声母）。

		双唇	唇齿	舌尖前 龈　前	卷舌	舌面前 龈一腭	舌面后 软腭
塞音	不送气	B[p] 白冰杷		D[t] 灯堆			G[k]该瓜 街间家
	送气	P[ph] 皮棚		T[th]挑推			K[kh] 靠概搁

		双唇	唇齿	舌尖前 龈 前	卷舌	舌面前 龈一腭	舌面后 软腭
塞擦音	不送气			DZ[ts]揭酒字嘴争助侧	DJ [tʂ] 展准		
	送气			TS[tsh]七钱窸[1]粗橙楚	CH[tʂh]期去夹像称杵伸		
擦音	清		F[f]法呼喷	S[s]消掀色随生梳	SH [ʂ] 纱说常晨	HS [ɕ] 稀凶	H [x] 鞋杏黑换
	浊				R/J [ʐ] 然润仁		
鼻音		M[m]篾么				N[ȵ]你严	NG[ŋ]爱硬
边音				L[l]来滤奶嫩			
零声母		[ø]完约哎雨二屋午					

N只与齐齿呼相拼，来自古娘母三等和泥母四等字，这个特征与今成都话声母［ȵ］一致，故推定为［ȵ］

2.《汉语教材》韵母系统

《汉语教材》韵母形式共47个，它们与现代成都话和北京话有着复杂的对应关系。

开口呼	齐齿呼	合口呼	撮口呼
	I 壁挤篾	U 都猪六做	ü（ū）
	Ï 此丝日师	UH 没	
	ïH（IH） 吃四		

开口呼	齐齿呼	合口呼	撮口呼
A 擦	IA（YA）架鸭挟	WA 刮瓦	
AH 法			
O 咯坡锅说各角	IO 约脚	WO 窝卧	
,	IOH 学		
E 北车客墨白麦	IE（YE） 结也	WE 或	UE 决
EH 得	IEH 铁	WEH 国	UE 月
ER/IR 二			
Y 的			
AI 挨抬街解		WAI 搋拐	
EI 肥煤譬		WEI 归位 UI 催堆雷	
AO 炒套	IAO 较了		
OU（OW） 豆寿	IU 丢袖		
	IN 今进经瓶樱		UIN 匀煴
AN 谙难		WAN 断晚铲横	üEN（UEN） 圈元掀
EN 很晨轮论层硬灯杏	IEN 边烟	WEN 滚顺绳横	
ANG 方常项窸[1]	IANG 讲样	WANG 床装	
(DZ) 字		UNG 红总风 棚绉凶用	

3.《汉语教材》声调

《汉语教材》每字皆标有 1、2、3、4 四个声调，对应着阴平、阳平、上声和去声，入声未独立成调，但有几个古入声字韵母以—H 收尾。

三、《汉语教材》声母与今成都话声母系统比较

今成都话共 20 个声母，其中辅音声母 19 个，零声母 1 个，见下表。

p 包波比帮	ph 排普偏朋	m 买门米忙	f 饭冯费胡	
t 到德迭多	th 套题同图	n 路吕难良		
k 该工姑贵	kh 开啃哭宽	ŋ 我暗欧硬	x 黑咸红晃	
tɕ 急精举觉	tɕh 秋旗全趣	ȵ 你年严女	ɕ 修旋线虚	
ts 招章资猪	tsh 仓超醋充		s 扇僧税师	z 绕然日如
ø 儿衣完鱼				

参照《汉语教材》的 22 个声母（辅音声母 21 个，零声母 1 个），从音系角度作简单对比，可以看到，《汉语教材》与今成都话声母系统的差别主要有：

第一，《汉语教材》有［l］，无［n］；今成都话有［n］无［l］。

第二，《汉语教材》有今成都话乃至今西南官话成渝片都没有的翘舌音声母。

第三，舌面前音中，《汉语教材》只有擦音 HS［ɕ］没有塞擦音［tɕ］、［tɕh］。

这些区别有的只是记音的问题，有的则涉及近代到现代成都

话声母的重要变化的信息。下面分别加以讨论。

1.《汉语教材》L［l］和成都话［n］

《汉语教材》中L［l］声母字共60个，L与开齐合撮四呼韵母相拼，四呼皆可拼合的是古来母字（包括一二三四等），来自古泥母一等和娘母二等的则只有开口呼和合口呼，L对应着今北京音的［n］和［l］，在这里记作［l］，［n］和［l］不对立。今成都话鼻音声母n音值包含［n、l］等自由变体，普通话n、l两个声母开口呼、合口呼的字，和从中古来母来的齐、撮两呼字的声母，成都话可以自由发成［n］或［l］，还可以发成带鼻音色彩的边音［l̃］，［n］、［l］和［l̃］不区别意义。因此，无论《汉语教材》还是今成都话中［n］和［l］都不构成对立，［n］或者［l］仅是记音的差别。

如果考虑到《汉语教材》还有双唇M［m］、舌面前N［ȵ］、舌面后NG［ŋ］三个鼻音，也可以把L记作［n］构成一套完整的鼻音声母。只是我们注意到，作者在使用记音符号时使用L，可能有两方面原因：一是为了和N［ȵ］相区别；二是审音的结果，与N［ȵ］相比，L的鼻音色彩应该更弱，以今四川话［n］声母来看，很多时候只是鼻腔有弱气流通过，因此对于自己母语有［n］和［l］是两个音位的启尔德来说，用L可能更接近他所听到的成都话。因此，可能记作［l］更接近其音质。

2. 舌尖后音声母DZ［tʂ］、TS［tʂh］、SH［ʂ］

《汉语教材》有舌尖后音声母DZ［tʂ］、TS［tʂh］、SH［ʂ］，且与舌尖前音声母对立：

	不送气塞擦音	送气塞擦音	擦　　音
舌尖前	DZ［ts］揭酒字嘴争助侧	TS［tsh］七钱窸[1] 橙楚	S［s］消掀色随生梳
舌尖后	DJ［tʂ］展准	CH［tʂh］期去夹像称杵伸	SH［ʂ］纱说常晨

今天在成都话中分别同音的“趱 DZAN3－展 DJAN3”“脏 DZANG1－张 DJANG1”“遭 DZAO1－招 DJAO1”“则 DZE2－折 DJE2”“怎 DZEN3－整 DJEN3”“昨 DZO2－棹 DJO2”“走 DZOU3－帚 DJOU1”“足 DZU2－竹 DJU2”“绉 DZUNG4－重 DJUNG4”，“擦 TSA2－插 CHA2”“才 TSAI2－柴 CHAI2”“层 TSEN2－成 CHEN2”“催 TSUI1－吹 CHUI1”“葱 TSUNG1－冲 CHUNG1”，“三 SAN1－山 SHAN1”“扫 SAO3－少 SHAO3”“四 SïH4－市 SHï4”“索 SO2－说 SHO2”“岁 SUI4－睡 SHUI4”，《汉语教材》中都不同音，舌尖前音和舌尖后音存在对立。

同期的《西蜀方言》也有对立的［tʂ、tʂh、ʂ］和［ts、tsh、s］两组声母。

今成都话没有舌尖后音声母［tʂ、tʂh、ʂ、ʐ］。普通话舌尖后音声母读为舌尖前音［ts、tsh、s、z］，即中古知组、庄组、章组字成都话读同精组字，中古日母字成都话读［z］声母。这是两者的明显差异。甄尚灵（1988）指出，世居成都的老年人“语音分辨舌尖前后”，并认为“《西蜀方言》所记舌尖前后的两套擦音塞擦音，看来是十九世纪后期成都语音的实际，舌尖后音混同于舌尖前音是后来的发展变化”①。肖娅曼（1999）的调查

① 甄尚灵.《西蜀方言》与成都语音. 方言［J］，1988（3）.

表明，当时部分老年成都人的口音中还残存着舌尖后音声母，老成都话声母分舌尖前后，读［tʂ、tʂh、ʂ］和［ts、tsh、s］二组音的字分法与《西蜀方言》一致。《汉语教材》［tʂ、tʂh、ʂ］和［ts、tsh、s］对立的状况，再次印证，近代成都话舌尖塞擦音和擦音分前后两组。

《汉语教材》舌尖前音和舌尖后音的分类与今北京音一致，但是具体字有一些出入。凡《汉语教材》舌尖后音，今北京话全部为舌尖后音；一部分《汉语教材》舌尖前音字，今北京话舌尖后音，它们是“窻橙撑楚生师事瘦梳数争助绉”，其中“窻”有平翘舌两读，这些字均来自知组二等字和庄组二三等字。

周及徐（2013）对北京话舌尖前后音的来源作过研究，知组和庄组二等字，除梗摄外，全部读舌尖后音；庄组三等字中，止摄和宕江摄读舌尖后音，深臻曾摄读舌尖前音，遇流摄平翘不一。《汉语教材》中舌尖前后声母在知组二等字和庄组二三等字的情况见下表：

		知二	庄二	庄三
舌尖前	ts		争	绉侧助
	tsh	撑橙	窻[1] 掺	楚
	s		生洒	事色师瘦梳数
舌尖后	tʂ	罩站棹（桌）撞	找抓	装妆
	tʂh	床	搋茶	窻[2] 叉插炒铲柴
	ʂ	柿使		煞纱晒山稍刷

舌尖前音中，知二 2 字（梗摄），庄二舌尖前 4 字（梗摄，江摄、咸摄和假摄），庄三舌尖前 10 字（曾止流遇）。舌尖后音

中，知二（咸蟹江），庄二（假咸蟹山效），庄三（山宕止）。

今成都话原来的舌尖后音并入舌尖前音，但在西南官话中还存在区分舌尖前后音声母的方言，可以把它们和《汉语教材》中舌尖前后音的分布作对比。周及徐（2013）对四川保留平翘舌区分的自贡、西昌和宜宾（部分）三点这一特征进行研究，发现它们具有共同的语音特点，即知三章组翘舌，知二和庄二三组字主元音为高元音或半高元音时读平舌，主元音今为低元音时读翘舌。《汉语教材》所反映平翘舌在知二、庄二和庄三的分布与今四川保留平翘舌区分地点的特征契合，在平翘舌分布这一特征上具有一致性。

上述几地的方言，成都话和自贡话源自湖广话系统，宜宾话则属南路话系统①。在通行的四川方言分区中，一般又认为成都话是西南官话成渝片的代表，自贡话归西南官话灌赤片中的仁富小片，西昌话归西南官话岷江小片②。各点方言的来源和它们今天的语音特点都有差异，《汉语教材》所反映的近代成都话与今自贡、宜宾、西昌平翘舌声母分布的这种一致性为我们进一步讨论西南官话各小片的关系、追溯它们分化演变的过程提供了一些信息。

3. 舌面前音声母［tɕ、tɕh、ɕ］的问题

《汉语教材》中，没有专门的舌面前声母［tɕ、tɕh］，但有HS［ɕ］。

（1）HS［ɕ］声母讨论

HS［ɕ］主要来自晓三四（5）、匣二四（6），另有生二

① 南路话相关论证参周及徐《南路话和湖广话的语音特点——兼论四川两大方言的历史关系》，《语言研究》2012（3）。

② 参黄雪贞《西南官话的分区（稿）》，《方言》1986（4）。

(1)、心三 (1)、邪三 (2)：

声母	广韵声	广韵等	广韵呼	成都话声母	例字
HS	晓	三	开	ɕ	稀 HSI1 歇 HSIE2 兴 HSIN1 凶 HSUNG1
		四	开	ɕ	晓 HSIAO3
	匣	二	开	ɕ	下 HSIA4 限 HSIEN4 行 HSIN2 学 HSIOH2
		四	开	ɕ	现 HSIEN4/SüEN4 嫌 HSIEN2
	生	二	开	ɕ	捎 HSIAO1
	心	三	开	ɕ	新鲜些 HSIE1
	邪	三	开	ɕ	序 HSü4 徐 HSū2

但心三四、邪三和晓三字在 S［s］母中也有分布：

声母	广韵声	广韵等	广韵呼	成都话声母	例字
S	心	三	开	ɕ	熄 SI2 箱 SIANG1 相 SIANG1 消 SIAO1 小 SIAO3 些 SIE1 写 SIE3 线 SI 心 SIN1/SIN4 姓 SIN4 信 SIN4
		四	开	ɕ	洗 SI3 西 SI1 细 SI4 先 SIEN1 星 SIN1
	邪	三	开	s	松 SUNG1 像 SIANG4/CHIANG4
				ɕ	谢 SIE4 袖 SIU4
			合	s	随 SUI2
	晓	三	开	ɕ	乡 SIANG1 向 SIANG4 掀 SUEN1

这表明，在听感上擦音尖音和团音差别比较明显，用不同的

声母记录，说明成都话尖团合流过程中，[s] 分化出 [ɕ] 的时间更晚。

(2) [tɕ，tɕh] 的讨论

《汉语教材》没有专门表示舌面前声母 [tɕ、tɕh] 的符号，但这并不意味着当时的成都话没有这两个声母。原因有二：一是其同部位擦音 HS [ɕ] 存在，语音变化在相同条件下应该是整齐的，同部位塞擦音也应存在。二是其 G [k] 组、DZ [ts] 组和 CH [tʂh] 声母既可以同齐齿呼和撮口呼韵母相拼，也可与开合二呼相拼，它们与分别与 [tɕ、tɕh] 在声韵拼合上互补，根据《西蜀方言》等材料，可以看到，当时利用舌尖音和舌面前音在声韵拼合上互补的特征，用一套符号来记录两套声母也是事实。这类音的具体情况又有不同。

见组中，只有 G [k] 与齐撮二呼相拼（表见下页）：

K [kh]、H [x] 不与齐撮二呼相拼，这意味着《汉语教材》中 K、H 组字腭化而分化出舌面音最为彻底。

声母	广韵声	广韵等	广韵呼	成都话声母	例字
G	见	二	开	tɕ	加 GIA1 家 GIA1 价 GIA4 架 GIA4 讲 GIANG3 浆 GIANG4 交 GIAO1 椒 GIAO1 教 GIAO1/GIAO4 叫 GIAO4 较 GIAO4 碱 GIEN3 拣 GIEN3 捡 GIEN3（14）
				tɕ k	间 GIEN1/GIEN4
		三	开	tɕ	箕 GI1 机 GI1 己 GI3 几 GI3 记 GI4 巾 GIN1 今 GIN1 斤 GIN1 紧 GIN3 颈 GING3 景 GIN3 镜 GIN4 脚 GIO2/GIOH2 九 GIU3 久 GIU3 纠 GIU3 举 Gū3（17）
			合	tɕ	橘 Gü2 矩 Gü3 句 Gū4
		四	开	tɕ	鸡 GI1 肩 GIEN1 结 GIE2 经 GIN1
	溪	三	合	tɕ	圈 GüEN4
	群	三	开	tɕ	轿 GIAO4 件 GIEN4 仅 GIN3 旧 GIU4
			合	tɕ	具 Gü1/Gü4
	匣	四	开	tɕ	挟 GIA2
	精	三	开	tɕ	尖 GIEN1 揪 GIU1
	从	四	开	tɕ	荐 GIEN4
	章	三	开	ts	只 Gï3 纸 Gï3 指 Gï3 置 Gï4

DZ 组的 DZ、TS 同时与齐撮二呼相拼：

声母	广韵声	广韵等	广韵呼	成都声母	例字
DZ	精	三	开	tɕ	将 DZIANG1 浆 DZIANG1/DZIANG4 煎 DZIEN1 剪 DZIEN3 睛 DZIN1 尽 DZIN4 尽 DZIN3 进 DZIN4 酒 DZIU3
		四	开	tɕ	挤 DZI3 节 DZIE2
		三	开	tɕ	籍 DZI2 贱 DZIEN4 就 DZIU4
	初	二	开	tɕ	净 DZIN4
	见	三	开	tɕ	揭 DZIE2 劲 DZ
TS	清	三	开	tɕh	七 TSI2 签 TSIEN1
		四	开	tɕh	切 TSIE2 千 TSIEN1 青 TSIN1 清 TSIN1
	从	三	开	tɕh	钱 TSIEN2 情 TSIN2 请 TSIN3
		四	开	tɕh	齐 TSI2 前 TSIEN2
	溪	四	开	tɕh	牵 TSIEN1
	群	三	开	tɕh	钳 TSIEN2 芹 TSIN2

G 组字只有 G 与齐撮二呼相拼，而 DZ 组字中三个声母均与齐撮二呼相拼，说明从精组字中分化出舌面元音的时间更晚，与汉语其它方言的状况一致。

见母 G［k］与精母 TS［ts］字同齐撮呼相拼时不同音，尖音和团音区分明显。但其中有例外，如见母“揭、劲”与精母字声母相同，表明尖团合流已经开始。

溪母字 K［kh］未见与齐撮二呼相拼，尖团合流完成。

H［x］、HS［ɕ］晓匣母字，和 S［s］心邪母字，与齐撮二呼相拼不同音，并分用两个符号标示。

还有一部分与齐撮二呼相拼的字在 CH［tʂh］声母中：

<table>
<tr><th>声母</th><th>广韵声</th><th>广韵等</th><th>广韵呼</th><th>成都话声母</th><th>例字</th></tr>
<tr><td rowspan="7">CH</td><td>清</td><td>三</td><td>合</td><td>tɕh</td><td>取 CHü3</td></tr>
<tr><td>从</td><td>三</td><td>合</td><td>tɕh</td><td>全 CHUEN2</td></tr>
<tr><td>邪</td><td>三</td><td>开</td><td>tɕh ɕ</td><td>像 CHIANG4/SIANG4</td></tr>
<tr><td>见</td><td>二</td><td>开</td><td>tɕh</td><td>夹 CHIA1</td></tr>
<tr><td rowspan="2">溪</td><td rowspan="2">三</td><td>开</td><td>tɕh</td><td>起 CHI3 气 CHI4 轻 CHIN1 去 CHü4</td></tr>
<tr><td>合</td><td>tɕh</td><td>圈 CHUEN1</td></tr>
<tr><td>群</td><td>三</td><td>开</td><td>tɕh</td><td>Q 期 CHI1 茄 CHIE2</td></tr>
</table>

见今北京音［tʂh］来自彻母字、澄母平声字、初母字、崇母平声字、昌母字、船母和禅母平声字。这些来自清组和见组的字标作翘舌音声母 CH［tʂ］，可能有如下原因：一是部分与齐撮二呼相拼的精组字可能还没有完全从［tsh］中分化出来，或者说还在分化过程中，存在尖音，尖团合流尚未完成；而与此同时平舌音［tsh］和翘舌音［tʂh］已开始混读，（此外还有“窗、像”等有平翘舌两读），这或许说明今成都话平翘舌不分，最初是从二者自由变读开始，不是单向的由翘舌归并到平舌中。二是部分见系字可能与未彻底分化的精组尖音字混读，平翘舌相混。此外，这种情况在《汉语教材》中不见于不送气塞擦音和擦音，或许平翘合一的速度可能与气流的强弱有关，气流最强的送气塞擦音还保存了少许这种变化过程的信息。这些信息还需更多的材

料加以证实。

参考文献：

[1] 黄雪贞. 西南官话的分区（稿）. 方言 [J]，1986（4）

[2] 肖娅曼. 关于成都话舌尖后音声母的调查. 四川大学学报 [J]，1999（6）.

[3] 甄尚灵.《西蜀方言》与成都语音. 方言 [J]，1988（3）.

[4] 周及徐. 南路话和湖广话的语音特点——兼论四川两大方言的历史关系. 语言研究 [J]，2012（3）.

[5] 周及徐. 四川自贡、西昌话的平翘舌声母分布. 四川师范大学学报 [J]，2013（5）.

（四川师范大学文学院，四川成都 610068）

Comparison on Initials between *CHINESE LESSONS for First Year Students in West China* and Modern Chengdu Dialect

Yuan Xuemei, Zhou Yongling

(College of Liberal Art, Sichuan Normal University, Chengdu, Sichuan 610068)

Abstract: *CHINESE LESSONS for First Year Students in West China* reflects the basic characteristics of the Sichuan dialect, especially the ones of Chengdu dialect in the early 20th century. We compare the major differences of the initial system between the *CHINESE LESSONS* and Modern Chengdu dialect.

Keywords: *CHINESE LESSONS*; Chengdu dialect; initial

大邑方言考①

且志宇②

摘　要　大邑话属南路话，与属湖广话的成都话语音不同。本文列举现代大邑方言中25条词语，以古文献资料和现代口语形式，考证其本义本字。

关键词　四川方言；南路话；大邑县；方言词汇

大邑方言为“南路话”③，与邛、蒲、崇、新、灌五县略同，

---

① 基金项目：本文为成都市委宣传部2011年成都市重点文艺扶持项目“方言演义：解读四川方言背后的故事”的阶段性成果。

② 作者简介：且志宇，四川师范大学文学院2013级文艺学博士；《国防时报》编辑。

③ “南路话”是指“岷江以西及以南，特别是成都以南的都江堰、温江、崇州、大邑、邛崃、蒲江和新津--带的方言。”川西民间向来有“南路话”一说，而对其进行具体深入研究的，是周及徐先生的两篇论文：《南路话和湖广话的语音特点——兼论四川两大方言的历史关系》和《从移民史和方言分布看四川方言的历史——兼论“南路话”与“湖广话”的区别》，分别载于《语言研究》2012年第3期和2013年第1期。

而与成都的湖广话有异。因此，大邑方言的语音、词汇与蜀中各地方言多有不同的地方。若不明其古音、考其本字，则大邑方言其义难明矣。

本着章太炎先生《新方言》“考方言者，在求其难通之语”、“理董方言，在证明其难知者，不在疏举其易晓者”的原则，本文就大邑方言词汇不见于四川方言词典，或已被收录而未加以考释辨明者，列举25条考证。

1. 打哇哇［**$ta^{53}ua^{55}ua^{55}$**］：邑人称小孩游戏拍嘴发声为“打哇哇”，又称随声附和或口头敷衍某人为“随口打哇哇”。“哇哇”即“哯哯”，哯，于佳切。陈士元《俗用杂字》：“小儿拍口作声曰打哯哯。（哯音蛙）”[1]196 按《玉篇·口部》：“哯，乙佳切，哯呕，小儿语也。亦作哇。”[2]102

2. 逮猫（**儿**）［**$tai^{53}mər^{55}$**］：邑人称妓女为“猫（儿）”，嫖妓曰“逮猫（儿）”，私窝子曰“猫（儿）店”。《称谓录》称：“扬子《方言》‘关东、河济之间，谓之媌。’注：‘闽人谓妓女为媌。”[3]990 但是四川方言“逮猫（儿）”却与“媌”无关，它是“逮妹（儿）”的谐音戏称。“猫（儿）”与“妹（儿）”音近，故涪陵方言“猫呼媚儿”[4]48。民国刘师亮《时谚声律启蒙·后集》上平六鱼有“颠倒阴阳，不爱猫儿偏爱兔”的句子，原注：“俗呼少女为猫儿，俗呼龙阳君为兔”[5]13 男性不近女色而喜男风，以男为女，故称“颠倒阴阳”。“猫”与“兔”对举，娈童俗称“兔子”，而“猫”则指妓女。乐至今日尚多此称：陪跳舞者为“舞猫”，陪吃饭者为“吃猫”，陪打牌者为“牌猫”，陪人玩耍者为“耍猫儿”，陪睡觉者为“肉猫”[6]149。此即所谓“三陪”者也。又邑人称捉迷藏也为“逮猫（儿）”、“逮猫猫（儿）”。此

"猫"是由"盲"字变调、儿化而来。（参见周及徐先生《〈广韵〉等韵书中的成都话本字（之一）》）

3. 丁坝［tin⁵⁵ pa²¹³］："坝"本为蜀语，为平地、平原之意。《玉篇·土部》称："必驾切，蜀人谓平川曰坝"[2]32。故成都也称"川西坝子"。"坝"也见于《广韵》、《蜀语》。按地名而分，如成都有皇城坝、华西坝、金家坝等，按姓氏分，如大邑有余坝、杨坝、潘家坝、谢家坝等。然大邑人所谓的"丁坝"，非丁姓所居的村落，也非保护堤坝的丁字形建筑。"丁坝"乃屋内天井之称，也称"天坝"、"地坝"、"晒坝"。"丁坝"即是"天坝"。四川方言"丁"［tiŋ］读为［tin］，"天"［tʻien］中古音读为［tʻen］，而此两个音相近可互通。清毛先舒《声韵丛说》："天字古读梯因反，而多注读汀。"[7] 又李调元《卍斋璅录》卷三："天字，古从铁因切。在真韵。《毛诗》、《周易》皆如此读。《史记》：'三年不飞，一飞冲天，三年不鸣，一鸣惊人。'无不与真文相协，其与庚青通者，吴才老《韵补》原从铁因反，乃缘宣城陈氏《古音考》之误，遂叶作汀音，其亦不思矣。"[8]24

4. 丁丁毛（儿）［tin⁵⁵ tin⁵⁵ mer⁵⁵］：邑人称头发为"丁丁毛（儿）"。"丁丁毛（儿）"即是"颠颠毛。"《国语·齐语》："班序颠毛。"韦昭注："颠，顶也。毛，发也。"[9]224—225 又《尔雅·释言》："颠，顶也。"疏曰："谓头上也。"[10]2583 "颠毛"即头发。"颠"读如"顶"，转读如"丁"。故曰"丁丁毛（儿）"。这与上文"天"读如"丁"相同，四川方言［－iŋ］读如［－in］。清戚学标《方音》："宋《读曲歌》：'鹿转方相头，丁倒欺人目。'丁倒，颠倒也，今吴人犹有此语。"[11]112 邑人称"一点点"为"一丁丁（儿）"，也属此类。此即李调元所谓"蜀音多与古韵合”[12]360之证也。又邑人称蜻蜓为“叮叮猫儿”，常与此语相混。

5. 费头子［fei^{213} tʻəu^{21} tsi^{53}］：邑人称调皮捣蛋为“费”，称调皮的小儿曰“费头子”。“费”当作“嬒”或“狯”，章太炎先生《新方言》卷二：“《方言》婩，嬒也。今直隶山东谓小儿狡诈曰婩嬒，音如发坏，或如发费，四川谓小儿好游戏亦曰狯，音如费。”[13]“费”也作“甶”。民国十四年修《崇庆县志·礼俗》：“甶头子：无赖之名，音费。”[14]283“甶”，敷勿切。按《说文解字》：“甶，鬼头也，象形。”[15]436，所以东北人称刁钻古怪、调皮捣蛋的小孩为“小鬼头”。今粤语称小流氓为“飞仔”、“阿飞”，“飞”即“费”之音讹也。

6. 咕噜子［ku^{55} nu^{55} tsi^{53}］：邑人称嗜赌如命者为“咕噜子”，此也邑中民风不淳之一例。咕噜子本作“啯噜子”。李调元《童山诗集》卷一《啯噜曲·自序》云：“啯噜，本音国鲁，蜀人呼赌钱者通曰啯噜，皆作平声，如曰辜奴。”[16]6又李调元《童山文集》卷十《与严署州论蜀啯噜第一书》云：“盖啯噜种类甚多，大约始于赌博，终于盗劫。”[17]129嗜赌者多穷，小人穷斯滥矣。故咕噜子小则多钻墙逾穴、偷狗摸鸡，大则落草为寇，剪径为匪，其害甚大。邑中尚有“咕噜子通九州，贼通八县”的俗语。

7. 灌停耳［kuan^{53} tʻin^{213} ər^{53}］：邑人称患中耳炎而耳朵流脓为“灌停耳”。四川方言称伤口化脓为“灌”。“停耳”本字应为“聤耳”。《广韵·青韵》：“聤，耳出恶水”[18]196。又明代陈士元《俗用杂字》：“耳生浓汁曰聤耳。”[1]197

8. 黄花（儿）［xuaŋ^{21} xuar^{55}］：邑人称外行人为“黄花（儿）”或“黄师傅”。“黄”由“荒”音转而来。清代王有光《吴下谚联》卷三：“黄字，吴音与荒字多混。……牙牌不成局，反称为黄。黄乃荒字之讹。”[19]100 因此，邑人称一局牌摸完未分胜负称为“黄了”，“黄了”即是“荒了”。姜亮夫先生《昭通方言疏证》也称“事不成曰荒，音如黄。”[20]30-31 “花”指代人。孔仲南《广东方言》卷十一称：“人口之灿烂，如花之开，故曰口花花。”[21]29 因此四川方言有“人花花”、“儿花花”、“女花花”的说法。

9. 末末［**mo^{53} mo^{53}**］：邑人称曾孙曰“末末”，也作“木木”。民国《简阳县志·礼俗方言》：“曾祖呼曾孙曰末末。”[22]628 “末末”当为“么么”。《文赋》李善注引《说文》：“么，小也。”与祖宗相比，曾孙为人之小者，故称“么么”。

10. 烂人儿［**nan^{213} $zənr^{21}$**］：邑人称痞子流氓为“烂人儿”，也作“滥友儿”、“烂眼儿”。“烂人儿”即古代所称的“阑子”。李调元《卍斋璅录》卷八：“《列子》‘宋有兰子’注：‘与阑同，妄也。’凡人物不知生者谓之兰，按蜀人谓人之妄为而无所顾恤者为‘阑子’。”[8]62 又章太炎《新方言》也从《列子》注立论：“《通俗文》：‘纵失曰阑。’（《一切经音义》引）今市井谓债不可收者为烂账，烂即阑也。凡人纵弛无检亦曰阑。《列子·说符篇》：‘宋有兰子。’应劭注云：‘阑，妄也。’兰与阑同。今人谓舒纵不节曰烂，烂亦阑字也。”[13] 又杨伯峻《列子集释》“宋有兰子”条集释：“今世俗谓无赖子为烂仔，其义疑于此。”[23]254

11. 劳斯口袋［**nau^{21} si^{55} $k'əu^{53}$ tai^{53}**］：邑人言装无用杂物的袋子为“劳斯口袋”，《昭通方言疏证》作“劳什口袋”。“劳斯口袋”本为“劳什口袋”，“什”读如“斯”，这即是《容斋随笔》卷一“以十字作平声读”，《老学庵笔记》卷五“谓十为谌”、《升庵诗话》卷一“十字平音”之一证也。因第一音节弱化 lau ＞

ləu，故成都人又称作“漏斯口袋”。

12. 老家公鞋 [**nau^{53} tɕia^{55} koŋ^{55} xai^{21}**]：邑人称外祖父为“外爷”也叫“家公”，而戏称绵布鞋为“老家公鞋”。鞋名其实与外祖父毫无关联。所谓的“老家公”，是“鞥”字的戏称。鞥，乌红切。《广韵·东韵》：“吴人靴靿曰鞥。”[18]33 “鞥”又音转为“窝”，故邑中又称草鞋为“麻窝子”。

13. 老水子 [**nau^{53} suei^{53} tsi^{53}**]：邑人称老鼠为“老水子”，古音“鼠”读为“水”。张慎仪《蜀方言》卷下称蜀人“读暑若水”[24]370。依据是《通雅》卷二：“建昌人呼水为暑。”[25]136 又嘉庆《直隶太仓州志·风土下·方言》称：“水为暑。”[26]79612 因“水”能音“暑”，逆推之，“暑”能读“水”也成立。又“鼠”与“暑”音同，而方言中暑、鼠、絮为语、御韵，可读 [sui] 音，同“水”。故邑人读“老鼠子”（老鼠也称“老鼠子”，见《蜀籁》）为“老水子”，读黄鼠狼为“黄水狼”（狼读阴平），读“出来”如“吹来”，读“柳絮”如“柳水”。

14. 老嘴 [**nau^{53} tsuei^{53}**]：邑人称父亲为“老嘴”。“老嘴”当为“老爹”读音的讹变。《广雅·释亲》：“爹，父也。”[27]200 爹，曹宪音止奢反，音讹为“嘴”。称父亲为“老嘴”，引申之，邑中年老者皆称老嘴。又邑中称年老者为“老果果”，俗谚有“王母娘娘的桃子——老果果”，此为“老革革”一音之转。《三国志·蜀志》彭羕曾骂先祖“老革荒悖”。[28]995

15. 毛子 [**mau^{21} tsi^{53}**]：邑人称世情不熟、易受欺骗者为“毛子”，而称欺骗、敲诈行为曰“烫毛子”。此语先为赌博用语，嘉庆《锦城竹枝词》“闲约窝家赌烫毛”注：“诱人局赌名‘烫毛’。”[29]50—51 李劼人先生称：“烫毛子，就是用开水将猪毛烫去，即是整猪的意思。这是四川通用的一句成语。”“整猪”即“在赌博场合上，不以正派手段，把别人银钱弄光，叫做整猪。”[30]81 因有以上之误，故“烫毛子”也称“烫毛猪”。其实“毛子”应为“懵子”。成都方言读［mau51］为［məŋ51］，如茂盛之“茂”读为“萌”，贸易之“贸”读为“梦”，如“鸡瞀眼”称“鸡梦眼”，故“毛”也读为“懵”。懵，暗也，不明也。《集韵》“懵懵，無知貌。”[31]7 懵，或从夢从蒙，故也作“懜”或“懞”。又“懞”讹为“檬”。苏轼《东坡志林》载，北宋渠江（今广安）大儒黎錞，为人“质木迟缓”，有木讷近人之仪，绰号“黎檬子”。“檬子”即今之“毛子”。

16. 眉毛［mi213 mau21］：邑人读眉毛如“迷毛”，“毛”读为上声。这也是古音在方言中存留的个例。眉为明母脂韵，中古音读为［mi］。《仪礼士·冠礼》“眉寿万年，永受胡福”郑注：“古文眉为麋。”[32]2066 此音多见于《诗经》。

17. 爬海［pʻa21 xai53］：邑人谓螃蟹为“爬海”。《民国合江县志》：“爬海，蟹也。”[33]495 又《民国南溪县志》：“爬海，螃蟹也。”[34]628 按方音“螃”读如“爬”，又读如“盘”，故螃蟹称“爬海”又称“盘夹子”。故《通雅》卷六称：“旁礴也作盘礴”[25]255，邑中称“脸庞儿”为“脸盘子”。从“螃”［pʻaŋ］到“盘”［pʻan］再到“爬”［pʻa］，这是一个鼻音韵尾逐渐丢失的过程。“蟹”读如“海”。此音成都方言较多，如读“鞋”如“孩”。

18. 沙和尚［sa55 xo21 saŋ213］：邑人称八哥为“沙和尚”。沙和尚，《西游记》之沙僧也，与八哥何关？“沙和尚”实为“山和尚”，邑人读“山”如“沙”，如读“水杉”若“水桫”，这是山［san］的鼻音韵尾脱落为［sa］造成的。清李调元《雨村词话》

卷四：“杨用修西庄鹧鸪天词句云：‘弹声林鸟山和尚，写字寒虫水秀才。’山和尚谓山鹊，水秀才滇中虫名也。”[35]1432又《童山文集》卷一《峨眉山赋》：“桐花之凤，护山之鸡，雨道士之喜雨，至山和尚之好山。”[17]4

19. 生分子［sən^{55} fən^{55} tsi^{53}］：邑中谓饭蒸至半熟为“生分子”，也叫“夹生饭”。“分”乃“馈”字之误。《玉篇·食部》：“馈，甫云切，半蒸饭。”[2]181 “饙”同“馈”。《诗经·大雅·泂酌》：“挹彼注兹，可以饙饎。”朱熹称：“饙，烝（同“蒸”）米一熟，而以水沃之，乃再烝也。”[36]197

20. 梭叶子［su^{55} i^{21} tsi^{53}］：邑人称妓女为“梭叶子”。“梭叶子”只是记音，应作“苏姨子”。魏明伦川剧《四姑娘》中凡骂女人为烂货处，皆作“苏姨子”。清末苏杭书寓、扬州台基皆内迁于蜀，随之而来的妓女谓之“苏姨子”。清代王正谊《达县竹枝词》：“杨花又逐柳花飞，深碧钗荆浅碧衣。”原注：“土娼俗名‘杨花子’。”[37]198此“杨花”实为“扬花”，扬州之花也。又妓女也称“江湖”，可与“苏姨子”互证。《民国南溪县志》载：“江湖，妓女也。”[34]627 “江湖”即江苏和湖北之简称，皆因妓女由两地而来。故妓女谓之“苏姨子”，也谓之“扬花”、“江湖”。

21. 胎狗儿［tʻai^{55} kəur^{21}］：受人敲诈欺骗，邑中称为“胎狗儿”，近日又有“胎神”一说。“胎”当为“儓”。扬雄《方言》卷三：“儓，农夫之丑称也。南楚凡骂庸贱谓之田儓。”注云：“儓，驽钝貌。”[38]132又《菽园杂记》卷十二“儓，丁来切。注云：‘失志貌。苏州人谓无智术者为獃，杭州以为儓。’”[39]147 “儓”字也作“奤”、“骀”、“呆”。

22. 弯酸［uan^{55} suan^{55}］：邑人称唠叨啰嗦或吹毛求疵为“弯

酸”，也曰“酸叨”，“叨”读为“汤”。“酸”本字为“悡”，《说文解字·心部》：“悡，疾利口也，从心从册。”段玉裁注：“谓疾恶利口之人也。……按当读如删。”[15]508

23. 虾子［ɕia⁵⁵ tsi⁵³］：邑人自高侮人，则称人为“虾子”。“虾子”的本字为“孲子”。《集韵·麻韵》：“吴人谓赤子曰孲孲。”[31]209 “孲”，于家切，音鸦，又可读为虚加切，记音为“虾”字。《广东俗语考》“孲读若虾。”[21]33 因此广州把小孩叫做“虾仔”、“苏虾子”（“苏”为新生之义），“虾”即“孲”字。“虾子”与“小子”、“崽子”同义，为“自高而侮人”之称谓。又四川有“成都虾子，重庆崽儿”的俗语，可知“虾子”与“崽儿”相对，应为“孲子”。

24. 一把连［i²¹ pa⁵³ nian²¹］：邑人俗语称一起为“一满”，缓语则称“一把连”、“一铺览”。光绪《叙州府志·风俗》录乾隆南溪知县翁霆霖《南广杂咏诗》：“紫茄白莱碧瓜条，一把连都入市挑。”注：“川省凡一起之类俱曰‘一把连’。”[40]562 此诗及注也见于《雨村诗话》卷十六。又民国 22 年《绵阳县志·风俗》：“统括之词曰一把连。”[41]70 清人王应奎的解释为：“俗语有所谓‘一把连’者，‘连’当作‘莲’。按明制，宫中每夜寝，殿门既阖，内臣散归值房，所卸衣总挂床前架上，熏以兰麝，名曰‘一把莲’。夜间御前有事，以便顷刻装裹趋赴也。事见秦兰证《天启宫词》注中。”[42]150 孙锦标《通俗常言疏证》也沿用此说，《崇庆县志·礼俗》也沿袭之，称：“一把连，言合并也，明宫监有此名。”[14]283 此解释是错误的。“一满”当作“一般”，为总体，概括之意。“般”，反切为“布还”，“布”上古音读为［pa⁵¹］，音与“把”相近。川西尚读“铺床”为“坝床”，又“还”讹为

“连”，是为“把连”。这就是《宋景文笔记》所举“孔”反切为“窟窿”、“团”反切为“突栾”、“精”反切为“鲫令”的语音现象。反之也然，邑人将“不要”切为“嫑”（$piau^{55}$或$piau^{213}$）、“不需要”为“不消”（$ɕiau^{55}$）也属此理。

25. 栈［$tsan^{53}$］：邑人称加食料催肥鹅鸭羊猪等禽畜为“栈”。按，宋有“栈鹿”之说，见于陶谷《清异录·玉尖面》。纪晓岚《阅微草堂笔记》卷十五以为“栈鹿当是以栈饲养”[43]365。古时禽畜多于野外放养。放养猪羊的肥瘦视水草夏冬荣枯而定。如有特别用途，如作为祭祀品时，则事先加料圈养使之速肥，此法称之为“栈”。又“栈”也写作“戋”，为秦汉时语。

参考文献：

［1］陈士元．俗用杂字［G］//异体字研究资料集成．日本雄山阁出版株式会社，1965.

［2］顾野王．宋本玉篇［M］．北京：中国书店，1983.

［3］梁章钜．称谓录［G］//明清俗语辞书集成．上海：上海古籍出版社，1987.

［4］王鉴清，施纪云等．涪陵县续修涪州志［G］//中国地方志集成·四川府县志辑．成都：巴蜀书社，1992.

［5］刘师亮．时谚声律启蒙·后集［G］//师亮全集．成都：刘师亮遗作出版社，1938.

［6］丁季达：关于乐至隐语［A］// 乐至文史资料：第 19 辑，2002.

［7］毛先舒．声韵丛说［G］//学海类编．道光十一年安晁氏木活字排印本

［8］李调元．卍斋璅录［G］//丛书集成初编．北京：中华书局，1985.

[9] 上海师范大学古籍整理组校点. 国语 [M]. 上海：上海古籍出版社，1978.

[10] 尔雅注疏 [G] //阮元. 十三经注疏. 北京：中华书局，1980.

[11] 戚学标. 方音 [G] //续修四库全书. 上海：上海古籍出版社，2002.

[12] 李调元著，詹杭伦等校正. 雨村诗话校正 [M]. 成都：巴蜀书社，2006.

[13] 章炳麟. 新方言 [M]. 民国浙江图书馆刻章氏丛书本.

[14] 谢汝霖，罗元黼等. 民国崇庆县志 [G] //中国地方志集成·四川府县志辑. 成都：巴蜀书社，1992.

[15] 段玉裁. 说文解字注 [M]. 上海：上海古籍出版社，1981.

[16] 李调元. 童山诗集 [G] //丛书集成初编. 北京：中华书局，1985.

[17] 李调元. 童山文集 [G] //丛书集成初编. 北京：中华书局，1985.

[18] 周祖谟. 广韵校本 [M]. 北京：中华书局，1960.

[19] 王有光. 吴下谚联 [M]. 北京：中华书局，1982.

[20] 姜亮夫. 昭通方言疏证 [G] //姜亮夫全集. 昆明：云南人民出版社，2002.

[21] 孔仲南. 广东俗语考 [M]. 上海：国学扶轮社，1933.

[22] 林志茂，汪全相等. 民国简阳县志 [G] //中国地方志集成·四川府县志辑. 成都：巴蜀书社，1992.

[23] 杨伯峻. 列子集释 [M]. 北京市：中华书局，1979.

[24] 张慎仪. 续方言新校补·方言别录·蜀方言 [M]. 成都：四川人民出版社，1987.

[25] 方以智. 通雅 [M]. 上海：上海古籍出版社，1988.

[26] 太仓州志 [G] //陈梦雷等. 古今图书集成. 北京：中华书局；

成都：巴蜀书社，1985.

[27] 王念孙. 广雅疏证 [M]. 北京：中华书局，1983.

[28] 陈寿. 三国志 [M]. 北京：中华书局，1959.

[29] 林孔翼. 锦城竹枝词 [M]. 成都：四川人民出版社，1982.

[30] 李劼人. 死水微澜 [M]. 北京：作家出版社，1955.

[31] 丁度. 集韵 [M]. 上海：上海古籍出版社，1985.

[32] 仪礼注疏 [G] //阮元. 十三经注疏. 北京：中华书局，2009.

[33] 王玉璋，刘天锡等. 民国合江县志 [G] //中国地方志集成·四川府县志辑. 成都：巴蜀书社，1992.

[34] 李凌霄，钟朝煦等. 民国南溪县志 [G] //中国地方志集成·四川府县志辑. 成都：巴蜀书社，1992.

[35] 李调元. 雨村词话 [G] //唐圭璋. 词话丛编. 北京：中华书局，1986.

[36] 朱熹. 诗集传 [M]. 上海：上海古籍出版社，1980.

[37] 林孔翼等. 四川竹枝词 [M]. 成都：四川人民出版社，1989.

[38] 钱绎. 方言笺疏 [M]. 北京：中华书局，1991.

[39] 陆容. 菽园杂记 [M]. 北京：中华书局，1985.

[40] 王麟祥，邱晋成等. 光绪叙州府志 [G] //中国地方志集成·四川府县志辑. 成都：巴蜀书社，1992.

[41] 蒲殿钦，崔映棠等. 民国绵阳县志 [G] //中国地方志集成·四川府县志辑. 成都：巴蜀书社，1992.

[42] 王应奎. 柳南随笔·续笔 [M]. 上海：上海古籍书店，1983.

[43] 纪昀. 阅微草堂笔记 [G] // 笔记小说大观. 南京：江苏广陵古籍刻印社，1983.

（四川师范大学文学院 成都 610068）

Dialect Words in Dayi（大邑）County and Their Original Meaning in Ancient Times

Qie Zhiyu

（College of Liberal Art，Sichuan Normal University；Chengdu Sichuan，China；610068）

Abstract：The speech in Dayi（大邑）county of Sichuan Province belongs to Nanlu dialect. It is different from Chengdu speech which belongs to Huguang dialect. We list 25 words of Dayi speech by examining the ancient documents and the modern oral forms to study their original meanings and their initial written characters.

Keywords：Sichuan Dialect；Nanlu dialect；Dayi county；Dialectal words

忻城话的元音、辅音格局

蓝　夏[①]

摘　要　本文根据语音格局分析理念、语音实验的方法，对忻城话的元音格局和辅音格局进行了研究。在元音方面，对忻城话的一级元音进行了测量分析，制作出元音声学图和Bark相对坐标图，并与广州话、成都话和南宁话的一级元音格局作了简单的对比。在辅音方面，以浊音起始时间作为参考量对忻城话中塞音进行了归纳分析。

关键字　元音格局；声学元音图；塞音；浊音起始时间

① 作者简介：蓝夏（1987—　），女，广西忻城人，四川师范大学文学院2011级硕士研究生，汉语言文字学专业。

一、绪论

（一）方言的概况

忻城县位于广西中部，红水河下游，东经 108°24’～109°7’，北纬 23°40’～24°23’，东临兴宾区，西依都安县，南接上林县，北连宜州市；东北与柳江县交界，东南与兴宾区、合山市接壤，西北与都安县相连，西南与马山县接靠，原属柳州地区管辖的县份，2003 年属来宾市人民政府管辖。

广西壮族自治区是个多民族居住的地区。我们从《中国语言地图》之 A5 广西语言分布图中可以看出，在现有的 12 个主要少数民族中，除了回族以外，其他 11 个少数民族都有自己的语言，而广西的汉语方言则有粤语、西南官话、平话、客家话、湘语、闽语。忻城处于西南官话的桂柳片区与壮语的交错处，同时在不同时期受到强势语言如粤语（当地人称为白话）的影响，语言比较复杂。

（二）分析理念

语音的系统性通常是通过语音格局来表现出来，“每一种语言或者方言都有各自的语音格局，语音格局的分析是把语音学方面和音系学方面联系在一起。”① 语音格局的分析可以运用于声调、元音以及辅音。

在元音格局方面，石峰教授将元音分为四级元音，一级元音

① 石峰《语音格局的分析方法》，第六届全国现代语音学学术会议论文集，2003 · 10.

为单韵母中的元音，没有韵头也没有韵尾。这构成了元音格局里面最基本的层级，也最能体现一种语言或者方言的元音特点。所以，本文分析的忻城话的元音格局主要就是一级元音格局。在进行过归一化和相对化处理之后的元音单位，“不同发音人因口腔的生理差别造成的个性发音差异被尽可能的过滤掉，保留下来的主要是元音之间相对关系的共性特征。”① 简而言之，就是过滤个性，找出共性，更方便与方言之间的比较。

而在辅音格局的分析中，我们将利用辅音的一个重要的声学特征，即：浊音起始时间（VOT）来作为参考量，来对忻城话中的塞音进行分析。

总而言之，语音格局是语音学和音系学的结合。一种方言的语音系统要通过它的语音格局表现出来。通过对语音格局的分析，更有利于我们寻找该方言的共同规律以及个性特征。

二、忻城话的一级元音格局

（一）实验方法

考虑到介音以及韵尾对其的影响，我们在选取字的时候避开了那些有介音和带韵尾的字。采用 Audition 录音软件对适当的发音人进行录音，然后使用 Praat 分析软件测量每个元音的第一共振峰（F1）和第二共振峰（F2）的全部频率值，分别计算出每个元音的 F1 和 F2 平均值，进行归一化处理，制作成为以 F1 和 F2 的频率值为坐标轴的元音声学图，从 F1 和 F2 的大小我们

① 石峰《实验音系学探索》，北京大学出版社，2009.

可以判断这些元音的舌位高低和前后。

而为了使数据的差异接近于听感的距离，我们要把所有的F1和F2的数据从赫兹单位转换为巴克（bark）单位，最后再根据下面的公式转化成V值，这个转化的过程也就是归一化的过程。

V1＝（B1x－B1min）/（B1max－B1min）＊100

V2＝（B2x－B2min）/（B2max－B2min）＊100

下表为经过录音测量计算后所得的数据：（计算过程在此省略）

图1：

	o	a	e	u	y	i	ə	ø	ɿ
F1均值	482.4	812	563	378.8	301.3	290.4	510.3	393	411
B1值	4.432	7.687	5.621	3.571	2.489	2.323	5.093	3.752	4.091
F2均值	701.4	1260.4	2039	774.5	1789.5	2400.6	1144	1936	1140
B2值	6.843	10.336	13.391	7.412	12.549	14.456	9.739	13.056	9.296
V1值	39.3	100	61.5	23.3	3.1	0	51.6	26.6	33
V2值	0	45.9	86	7.4	75	100	38	81.6	31.9

（二）忻城话的一级元音

1. 忻城话中能够单独做韵母的元音，也就是一级元音共有9个。

我们利用实验测得的元音共振峰频率来绘制声学元音图，因为声学元音图跟生理舌位图的相对位置是一致的，所以我们能够从图中来观察忻城话的基本元音的特征以及和其他方言元音的比较。在此，我们选取了西南官话的代表方言点成都话，在广西境内的主要通用语南宁话，以及有可能对忻城话产生影响的广州话，利用《汉语方言元音格局的实验研究》中测得的 F 值和 Bark 值后重新画出的声学图和 Bark 相对坐标图，如下：

图 2：

忻城话一级元音声学图

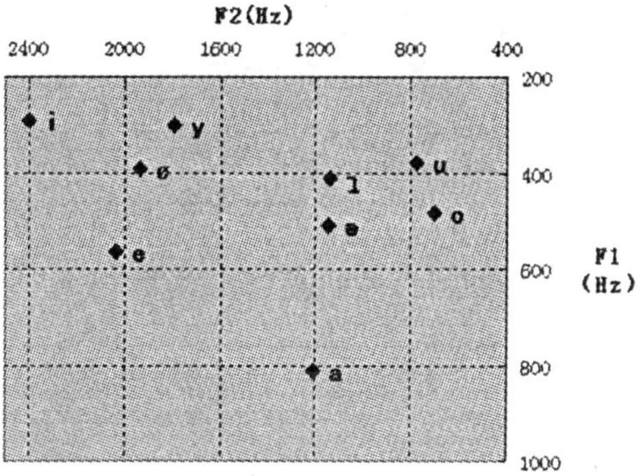

成都话一级元音声学图

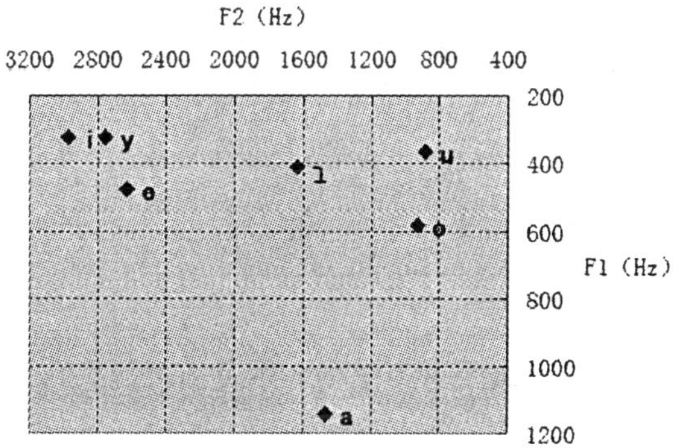

广州话一级元音声学图

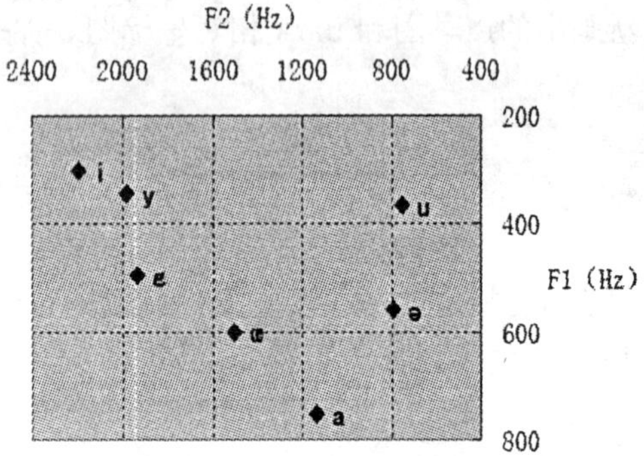

南宁话一级元音声学图

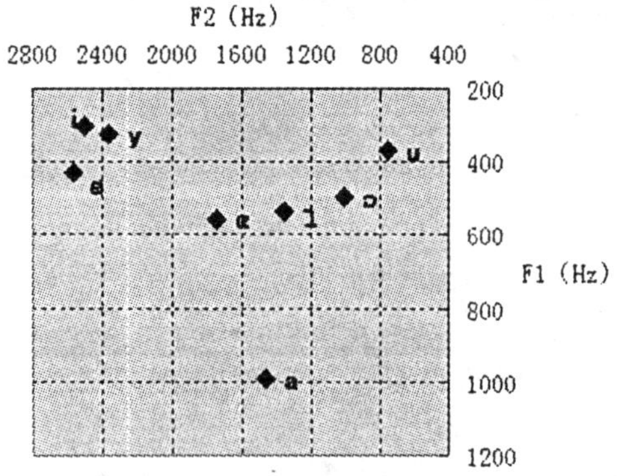

从“忻城话的一级元音声学图”中我们可以总结出忻城话一级元音格局的一些特点：

高元音［i］［u］和低元音［a］是分别占据了元音三角形的

三个项点的位置，将这三个顶点的连接起来形成的三角形，我们也称之为“元音三角”。前高元音［i］的第二共振峰（F2）数值很大，约为2400Hz，［i］的舌位很靠前。后高元音［u］的第二共振峰（F2）数值较小，近800Hz。［u］的舌位较靠后。低元音［a］的第一共振峰（FI）数值较大。超过800Hz，舌位较低。

［i、y、u］为高元音，［ɿ］是舌尖前元音，［o］为后半高元音，［e］为前半高元音。除低元音［a］之外，其他元音在水平方向上的排列次序为［i］、［e］、［ø］、［y］、［ɿ］、［ə］、［u］、［o］。元音［y］在元音［i］、［u］之间，紧靠［i］；［e］分布在［i］［a］连线上。

没有中元音［ɤ］和舌尖后元音［ʅ］，低元音［a］与其他的元音相距也比较远。

而通过和其他三点的元音范围相比较，我们发现：

忻城话的元音三角的范围与广州话基本相似，与南宁话的元音格局相比高元音［i］［u］所处位置也基本一致，只是低元音［a］舌位比南宁话稍高一些。而成都话元音三角的范围要比忻城话的大许多。

2. 元音 bark 相对图及数据显示的特点

“为了使数据接近我们的听感，我们要经过归一化和相对化，使不同发音人因口腔的生理差别造成的个性发音差异被尽可能地过滤掉。”① 归一化的过程就是由元音格局中每个元音的 F1、F2 值转化成 bark 值的过程。Bark 相对坐标图的使用方便我们观察每个元音在整个元音格局中的声学空间。下图为忻城话一级元音

① 石峰《实验音系学探索》，北京大学出版社，2009.

的 bark 相对图。整个元音格局中所有的元音的位置以及它们之间的相互关系表现得更为清楚。

图 3：

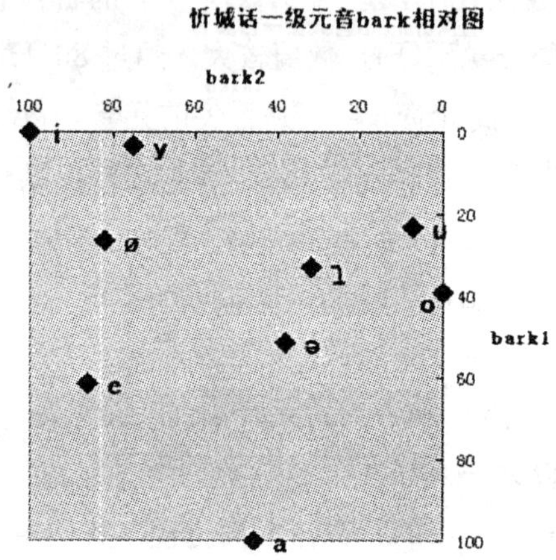

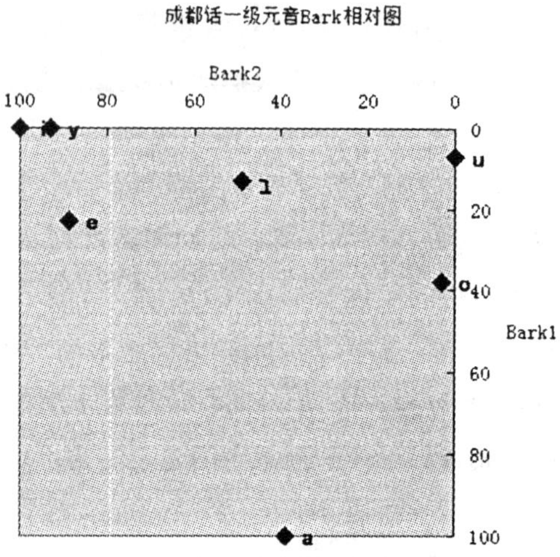

广州话一级元音Bark相对图

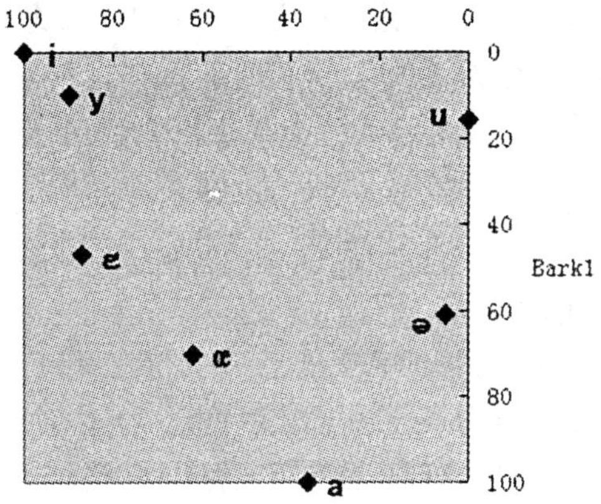

南宁话一级元音Bark相对图

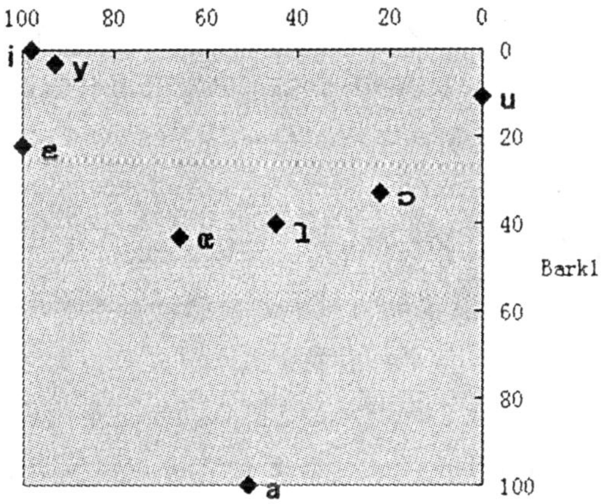

图 1 是忻城话元音统计数据，图 3 是忻城话元音 bark 相对

图。在这些图中，低元音［a］占据了 bark 正方图形的最低位置，它的 B1 值最大为 7.687，V1 值为 100；［i］占据了正方图形的最前最高的位置，B1 值最小为 2.323，V1 值为 0，B2 值最大为 14.456，V2 值为 100。［o］占据了 bark 正方图形的最后位置，B2 值最小为 6.843，V2 值为 0。［y］的 B1 值位于第二，V1 值也稍微比［i］的高些，［y］的位置最靠近［i］。［u］的 B1 值为 3.571，V1 值为 23.3 仅多于［i］［y］，它的位置很高，仅比［i］［y］稍微低一点。

在 Bark 相对坐标图的高度维上，V1 值在 0 到 30 之间，即定义为高元音，因此分布在高元音的位置上的元音有［u，y，i，ø］，V1 值在 30 到 70 之间，处于中元音位置上的元音有［o，e，ə，ɿ］，V1 值在 70 到 100 之间，处于低元音位置上的元音为［a］。

通过观察四张 Bark 相对坐标图，我们能够看出成都话和南宁的一级元音基本上都集中于中上层，并且低元音［a］离其他元音都比较远。而忻城话和广州话的元音并没有明显的集中，而是散落在各个层级。

（三）小结

忻城话的一级元音共有 9 个，由以上分析可以看出声学元音图与 Bark 相对图反映出的忻城话元音格局基本上一致。忻城话元音格局中，一级元音都具有高中低三种元音，元音分布的范围比较大也比较散，除了端点元音之外，元音三角内部还散落各个元音，有较强的游移性。通过和其他方言点的元音格局进行比价，发现忻城话的一级元音格局的元音三角与广州话的元音三角比较相像。

三、忻城话的塞音分析

浊音起始时间（VOT）是塞音声学特征的一个重要参量。浊音起始时间是塞音除阻爆发跟声带开始振动二者之间的相对时间关系。我们将利用这项特征来对忻城话中的塞音进行分析。

为了证明不同类别塞音之间的差异是显著的，我们按不同的发音方法分别进行 VOT 的测量。使用 prrat 对单音节中塞音的 VOT 进行了测量，分别计算了两类塞音 VOT 的平均值，简单列表如下：

清不送气	清送气
17. 1ms	67. 2ms

我们给出两张波形图：

图一：

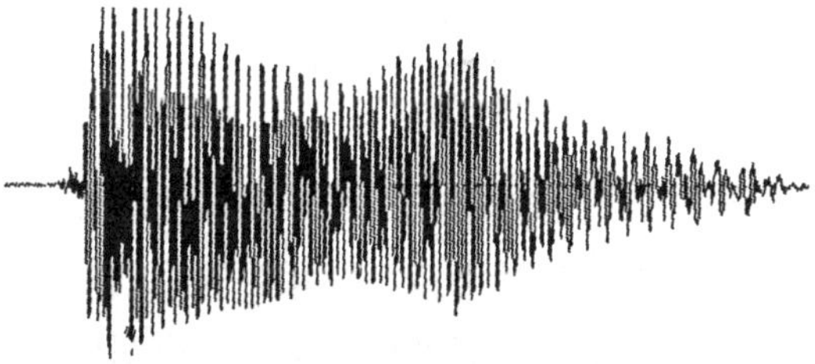

这是忻城话“毒”［tu］的波形图，从图中我们可以看出，在辅音的持阻阶段声带没有振动，而持阻之后很快声带就开始振动，经过测量 VOT 为 17 毫秒，这是一个不送气清塞音。

图二：

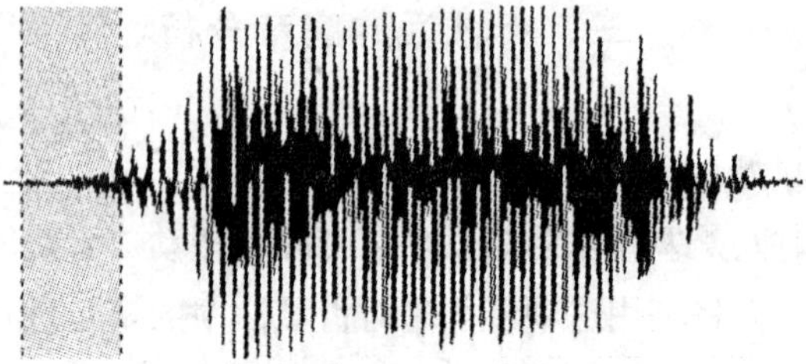

这是“讨”［thau］的波形图，在图中两条虚线之间为辅音除阻的冲直条到声带振动的浊音杠这段距离，根据测量这段距离的时间为46毫秒，这是一个送气塞音。

从列表中我们可以看出，清不送气塞音的VOT平均值是很短的，在20毫秒以下；而清送气塞音的VOT平均值则将近达到70毫秒。也就是说在忻城话的6个塞音中，VOT的长短是能够对这两个类别的塞音进行区分的，所以VOT数值对于区分不同发音方法的塞音是一项重要的参考。

四、总结

根据语音格局的理念，我们将忻城话的一级元音进行了归一化和相对化处理，总结出该方言一级元音的特征，并将之与南宁话、广州话和成都话的一级元音格局进行了作图比较，发现了忻城话与其他三点之间的差异。忻城话的一级元音共有9个，散落在每个层级，元音三角的范围与广州话的基本一致。辅音方面，本文只考虑了忻城话中的塞音，以塞音的“浊音起始时间（VOT）”作为参考量，清不送气塞音的VOT平均值为17.1ms

在 20ms 以下，而清送气塞音的 VOT 平均值为 67.2ms，也就是说 VOT 的值是能够对忻城话的 6 个塞音进行区分的。

参考文献：

[1] 石峰. 实验音系学探究 [M]. 北京：北京大学出版社，2009.

[2] 朱晓农. 语音学 [M]. 北京：商务印书馆，2010.

[3] 彼得·赖福吉著，张维佳译. 语音学教程（第五版）[M]. 北京：北京大学出版社，2011.

[4] 石秀娟. 汉语方言元音格局的实验研究 [D]. 南开大学博士研究生毕业论文，2005.

[5] 石峰. 北京话的元音格局 [J]. 南开语言学刊，2002.

[6] 孙锐欣. 元音的实验和计算研究 [D]. 复旦大学博士学位论文，2008.

[7] 杨晓辉. 济南话的一级元音格局 [J]. 北方文学，2011.

（四川师范大学文学院 四川 成都 610068）

The Vowel and Consonant Patterns of Xincheng Dialect

Lan Xia

(College of Liberal Arts, Sichuan Normal University, Chengdu, Sichuan 610068)

Abstract: Based on the idea of Speech pattern and the method of phonetic experiment, This thesis studies the vowel and Consonant patterns of Xincheng dialect. In vowel patterns, we measure and analyze the first grade vowel pattern of Xincheng dialect by drawing the formant chart and the formant chart with coordination of Bark, then make a simple comparison on the vowel pattern of Cantonese, Chengdu dialect and Nanning dialect. In consonant, using VOT as reference, we analyze consonant patterns in Xincheng dialect.

Keywords: Key word: vowel pattern; Acoustic vowel chart, stop consonant; VOT

越西话语音系统

李林蔚[①]

摘　要　越西方言是西南官话研究中的空白点，之前未有人调查。本文基于田野调查基础上，整理出越西话声、韵、调系统及其配合规律，并按严式音标描写音值。

关键词　越西话；声母系统；韵母系统；声调系统

前言

一、越西县地理位置

越西县位于四川省西南部，凉山彝族自治州北部。东经 102.51，北纬 28.65，东邻美姑县，南接昭觉县、喜德县，西接冕宁，北连甘洛县、石棉县。面积 2256.47 平方公里，辖 5 镇、35 个乡。

---

① 作者简介：李林蔚（1987— ），女，四川西昌人，四川师范大学文学院汉语言文字学专业研究生。

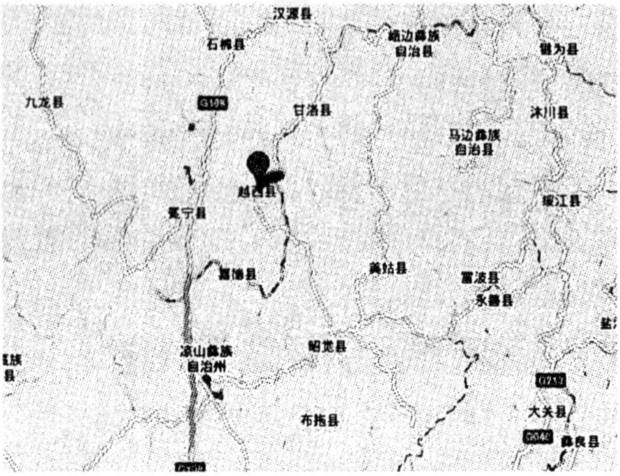

二、越西话调查情况

对四川方言在历史上有两次大规模的调查，最多一次涉及150个县。但是都未对越西地区方言进行调查，越西县志对越西方言语音方面也以“越西话无撮口呼”一笔带过。后来多位学者对西南官话进行过多次分区研究，无一例外都未提及越西方言的归属问题。所以越西方言在西南官话研究中是一个完全的空白地带。本文通过对越西方言田野调查所得的第一手资料进行分析，望真实地描写出越西方言的音系。

三、田野调查情况

调查时间：2013年7月23日。调查地点：四川省凉山彝族自治州越西县中所镇。发音人基本情况：刘廷栩，男，1940年出生，越西县中所镇人，小学文化。之前一直从事会计工作，现已退休，在家务农。未长时间（3个月以上）离开居住地，会讲当地话和一点彝语。记音人：李林蔚。

本次方言调查采用的调查录音软件为上海师范大学潘悟云教授研发的语言田野调查系统（TFW）和Adobe Auditionv15软

件。调查方式是亲自到当地找适合条件的发音人，以读字表的方式进行调查录音。调查所采用的字表是以中国社会科学院语言研究所编写的《方言调查字表》（修订本）为蓝本，结合四川方言系统自身的特点及文白异读、一字多音等情况，制成声韵调调查表以及四川方言调查字表（3592 字）。录音话筒使用 SONY 公司 ECM－MS907 话筒，以笔记本计算机为操作平台。采用国际音标记音，使用 TFW 和 praat 软件进行语音分类和声调测值。由周及徐教授校音并制成 Visual Fox Pro6.0 数据库，对数据库的分析采用潘悟云教授研发的 TFD 方言处理系统，由李林蔚整理出越西方言语音系统。

越西话语音系统[①]

一、越西话声母系统

调音部位 调音方法		双唇	唇齿	龈音	卷舌	腭前	软腭
塞音	不送气	p 般玻倍不		t 到屉臀洞篓蹲爹瞪			k 桂共蒿汞
	送气	ph 遍破瓢捕甫捧		th 抖退谈大			kh 溉裤狂况溃

① 说明：本文采取宽式国际音标记音，音节调值采用五度标调法直接用数字在国际音标后标写，不作右上角标处理。

塞擦音	不送气			ʦ 澄黏子坐巳长侦住责状真触翅	tʂ 置侄遮植	ʨ 敛将取脐就景杞杰匣捐	
	送气			ʦh 翠才造碎词拄畅陈择侧差锄骤产址充船鼠成慎	tʂh 扯吃	ʨh 雀切藏族膝祥像劫丘拳强洽	
擦音	清		f 帕富纷副凡呼互	s 尿塞随寺士沙唇顺商时树	ʂ 蛇食舍十		x 穗恢秽火后
	浊			z 入阮锐	ʐ 惹日	ɕ 速徐橡饷酵隙血行雄	
鼻音	浊	m 秘矛蔓		n 鸟耐良粟摄脸砚阎			ŋ 硬恶
零声母		Ø 娩物屿耳蜗棵涯吴央歪完萤雨页					

说明：

越西话声母共 23 个，其中辅音声母 22 个，零声母 1 个。

1. ［ʐ—］，卷舌浊擦音，与卷舌清擦音［ʂ—］相对。在该方言中，只有“惹”“日”两字保留。［z—］为龈浊擦音，与龈清擦音［s—］相对，发音时摩擦略重。多见于日母开、合口三等字，如：人 zen41，绒 zoŋ41，热 ze33，辱 zu51。疑母合口三等字仅有一字：阮 zan51。以母开、合口三等字各有一个保留，分别是孕 zen33，锐 zei33。

2. ［ŋ—］，软腭浊鼻音，主要来自古影疑母开口一二等字前。如：岸 ŋan33，崖 ŋai41，奥 ŋɑu33，樱 ŋen35。

音值描写：

1. [p、ph、t、th] 与北京话发音相似。如：巴 pA35，批 phei35，刀 tɑu35，偷 thəu35

2. [m] 双唇浊鼻音，持阻时间较长，鼻音成分略重。语图可见第一、二、三共振峰。如：妈 mA43，美 mei51

3. [f] 唇齿清擦音，发音与北京话相似。如：方 fɑŋ35，复 fo33

4. [ts、tsh、s、z] 齿塞擦音、齿擦音，摩擦略重。如：咨 tsɿ35，此 tshɿ51，四 sɿ33，柔 zəu41。在与 ai、an、ɑŋ、ei、en 相拼时，声母常带有 ʃ。如：猜 tshai35，帅 sai33；专 tsan35，船 tshan41，珊 san35，软 zan51；状 tsɑŋ33，创 tshɑŋ33，双 sɑŋ35；最 tsei33，槌 tshei41，随 sei41，锐 zei33；准 tsen51，春 tshen35，纯 sen41，孕 zen33。

5. [n] 齿浊鼻音，鼻音成分较重，语图可见第一、三共振峰。如：内 nei33，南 nan41。

6. [tʂ、tʂh、ʂ、ʐ] 大多出现在入声韵中，同卷舌韵母 [ɚ] 相拼，其卷舌程度较北京话高。如：汁 tʂɚ33，扯 tʂhɚ51，湿 ʂɚ33，惹 ʐ ɚ51。

7. [tɕ、tɕh、ɕ] 龈塞擦音、龈擦音，发音与北京话相似。如：尖 tɕiɛn35，区 tɕhi35，肖 ɕiɑu35。

8. [k、kh] 软腭塞音，调音部位较北京话略靠后。如：哥 kə35，夸 khu A35。

9. [x] 软腭擦音，调音部位较北京话略靠后。如：荷 xo35。

10. [ŋ] 软腭浊鼻音，鼻音较强，语图可见第一、二共振峰。如：硬 ŋen33。

二、越西话韵母系统

介音 / 韵母 / 韵尾	开口呼	齐齿呼	合口呼
无韵尾	ɿ 次世式斥秩蛰	i 郁眉去帝即捋易黢给	u 卜父膜术富
	A 尬罚纱那打杉	iA 涯辖家他压	uA 啄话袜抓跨划
	o 谷握所蜕说凹蜗座乐核不剖人盒	io 族确域掘略疫屈宿	
	e 蜘塞测阔者廓择涩涉	ie 粟鼻例息决野瘸削白一立贴	ue 国获
	ə 壳恶割我各沤鸽		
	ɚ 而识蔗吃侄十		
元音韵尾	ai 揣在喘跛	iɛi 介	uɛi 外
	ei 臂屡退贼蛰尿		uei 味桂
	ɑu 雹照晌矛	iɑu 饺跳跃谬	
	əu 肉首	iəu 九	
鼻音韵尾	an 迈软擘帆	iɛn 见臀廉	uan 娩横
	en 孕正吞任沓	in 篦鹰怜清近品	uen 巩横文
	ɑŋ 撞让矿耽	iɑŋ 江藏	uɑŋ 皇
	oŋ 崇蚌弘孟喷皱	ioŋ 穷兄允	

元音舌位图：

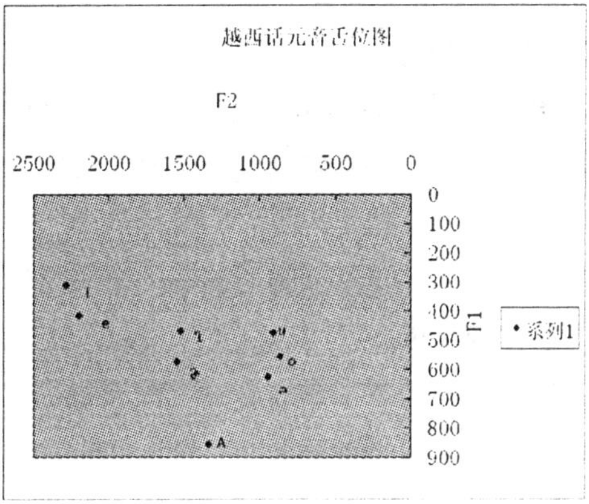

说明：

1. 越西话韵母共计 33 个，其中单元音韵母 8 个，无韵尾韵母 5 个，元音韵尾韵母 9 个，鼻音韵尾 11 个。

2. 入声韵母共计 13 个，分别是［e］［i］［A］［o］［u］［ə］［ɚ］［ɿ］［ie］［io］［iA］［ue］［uA］。

音值描写：

1. ［i］舌面前、高、不圆唇元音，发音接近标准元音。可单独构成音节，如：姨 i41。

2. ［e］舌面前、半高、不圆唇元音。发音接近标准元音。主要为入声韵。只同齿擦音、齿塞擦音和软腭塞音、擦音、鼻音拼合。如：则 tse33，彻 tshe33，舌 se33，热 ze33，格 ke33，克 khe33，黑 xe33，额 ŋe33。

3. ［ɿ］舌尖前、高、不圆唇元音。只同齿擦音、齿塞擦音拼合。如：子 tsɿ51，瓷 tshɿ41，思 sɿ25。

4. [ɚ] 舌面央、中、卷舌、不圆唇元音，调位部位与标准元音舌位图所示 [ə] 相同。单独构成音节为止摄舒声日母字，如：儿 ɚ41。此外，同舌尖后塞擦音和舌尖后擦音的假止臻曾梗摄韵母拼合，其出现条件与 [ʅ] 互补。如：蔗 tʂɚ33，尺 tʂhɚ33，豉 ʂɚ33，日 ʐɚ33。

5. [A] 舌面、央、低、不圆唇元音，调音部位较低。可单独构成音节，如：阿A35。

6. [u] 舌面、后、高、圆唇元音。调音部位较低，唇形略扁。可单独构成音节，出现在遇摄舒声非、见、影组字和流摄舒声帮组字，如舞 u51，午 u51，乌 u35，戊 u533。

7. [o] 舌面后、半高、圆唇元音，调音部位较低。介于标准元音舌位图 [o]、[ɔ] 生理舌位之间。可独立构成音节，如：屋 o33。

8. [ə] 舌面、中、卷舌、不圆唇元音。调音部位较后、较低。接近于标准元音舌位图 [ʌ] 的生理舌位。仅与软腭塞音、鼻音相拼，如：角 kə33，可 khə51，恶 ŋə33。

三、越西话声调系统

声调表：

调类	调值	例　　字
阴平	35	包风丹焦张争称康熙安捞/跛灸揣悄抱奶/综诊泡屉逗溜/卜的喝萨划洛
阳平	41	傍肥唐存茶巢乘湖蓝儿昂溶堤俘/痞蟹陇毹/泛伺射憾酿/着媳察贼峡膜

调类	调值	例　　字
上声	51	墩肪叉龛跑搂/本斧桶采逞础墅强缓朗忍永/讽佐统块大韧/饺匹撒抹捋
去声	33	蜘妨符禾仍宜/怪剖父道静柱士善浩诱/辈富当脆畅状誓具效念润耀/必不突错戳册淑杰洽立入悦

说明：

1. 语图显示最高基频为350HZ，最低基频为99 HZ。

2. 阴平：调值为35，高升调。音调变体45。大多音节开头有略降的调头，音节结尾处有略升的调尾。

3. 阳平：调值41，中降调。调位变体41。大多音节结尾处有略升的调尾。

4. 上声：调值51，高降调。调位变体51。

5. 去声：调值33，中平调。调位变体44、43。大多音节结尾处有略升的调尾。

6. 入声：越西话入声基本归入去声，少部分归入其它三声。

四、越西话声韵配合表：

声母／韵母	p	ph	m	f	t	th	n	ts	tsh	s	z
ɿ								痣	齿	驶	
A	爬	杷	马	罚	达	踏	捺	杂	杈	萨	
o	簸	瀑	穆	蝠	读	驼	骡	箸	错	锁	弱
e								责	宅	佘	热
ə											

声母 韵母	p	ph	m	f	t	th	n	ts	tsh	s	z
ɚ				帕							
i	箆	枇	楣		隶	体	丽				
u	补	铺	慕	父	镀	兔	卤	驻	杵	输	汝
iA						他					
uA								啄		刷	
io							略				
ie	箅	迫	麦		碟	铁	笠				
ue											
ai	跛	派	卖		待	太	赖	在	财	鳃	
iɛi											
uɛi											
ei	辈	陪	美	翡	对	退	类	蜇	槌	随	锐
uei											
ɑu	包	脬	貌		叨	讨	闹	赵	钞	筲	饶
iɑu	标	飘	谬		掉	条	鸟				
əu					斗	头	陋	邹	骤	馊	肉
iəu					丢		馏				
an	颁	攀	慢	饭	但	贪	难	簪	馋	鳝	软
iɛn	蝙	骗	面		点	舔	验				

声母 韵母	p	ph	m	f	t	th	n	ts	tsh	s	z
uan											
en	崩	膨	门	纷	顿	腾	轮	阵	陈	顺	韧
in	饼	频	鸣		疔	蜓	鳞				
uen											
ɑŋ	谤	庞	忙	访	挡	趟	螂	长	闯	爽	让
iɑŋ							酿				
uɑŋ											
oŋ	蚌	捧	懵	凤	洞	铜	龙	粽	冲	颂	茸
ioŋ											

声母 韵母	tʂ	tʂh	ʂ	ʐ	tɕ	tɕh	ɕ	k	kh	x	ŋ
ʅ											
A								尬		下	
o								过	颗	鹤	
e								骼	阔	骇	额
ə								鸽	课		我
ɚ	质	车	豉	日				羹			
i					几	齐	须	给			

声母 韵母	tʂ	tʂh	ʂ	ʐ	tɕ	tɕh	ɕ	k	kh	x	ŋ
u								顾	裤		
iA					架	洽	虾				
uA								卦	夸	话	
io					足	鹊	宿				
ie					鲫	妾	惜				
ue								国		惑	
ai								该	开	鞋	捱
iɛi					阶						
uɛi								怪	快	淮	
ei											
uei								龟	逵	辉	
ɑu								高	靠	浩	咬
iɑu					娇	荞	销				
əu								钩	叩	后	偶
iəu					鸠	鳅	锈				
an								敢	龛	咸	暗
iɛn					尖	虔	鲜				
uan								馆	款	环	
en								哽	困	杏	硬

声母 韵母	tʂ	tʂh	ʂ	ʐ	tɕ	tɕh	ɕ	k	kh	x	ŋ
in					警	蜻	荀				
uen								巩		荤	
ɑŋ								钢	康	项	昂
iɑŋ					讲	抢	想				
uɑŋ								逛	况	皇	
oŋ								公	控	洪	
ioŋ						穷	熊				

声母 韵母	ø
ʅ	
A	阿
o	鹅
e	
ə	
ɚ	二
i	鱼
u	武
iA	鸭
uA	袜

io	钥
ie	页
ue	
ai	
iɛi	
uɛi	外
ei	
uei	煨
ɑu	
iɑu	鹞
əu	
iəu	柚
an	
iɛn	盐
uan	顽
en	
in	鹦
uen	问
ɑŋ	
iɑŋ	养
uɑŋ	妄
oŋ	壅
ioŋ	允

越西话同音字表

e

ʦ [51] 者 [33] 则责摘窄折哲浙蜘

ʦh [33] 册侧测策拆澈徹择泽宅

s [33] 塞塞色啬涩舌佘涉设折

z [33] 热

ke [33] 革格隔骼

khe [33] 克刻客廓扩阔括

ŋe [33] 额

xe [33] 骇核赫黑

i

p [51] 比彼 [43] 被被备庇婢闭币弊蔽篦避毙

ph [41] 痹皮枇疲琵脾痞匹 [33] 屁

m 「41] 眉楣媚迷谜弥 [51] 米

t [35] 的低屉 [51] 底抵 [33] 地弟帝第蒂递隶涕

th [41] 堤啼提蹄题剃替 [51] 体

n [41] 梨璃黎离篱尼泥倪疑 [51] 李里理里礼鲤吕旅捋拟女 [33] 吏利痢厉丽滤虑溺腻宜谊

ʨ [35] 车肌饥基箕稽机讥饥几居拘驹脐 [51] 己几挤虮纪举杞取娶 [33] 缉即妓忌技季既计记寂寄祭际冀剂济继钜句巨拒具俱距聚剧据锯惧趣

ʨh [35] 妻期欺区蛆趋黢驱乞乞 [41] 瞿岐其奇祈棋

旗齐骑渠 ［51］岂起启 ［33］企汽泣气器去

ɕ ［35］虽兮西希犀稀熙嬉牺虚须需墟吁 ［41］徐 ［51］洗喜许 ［33］遂隧玺系细戏序婿絮绪

k ［35］给

ø ［35］伊衣依医淤蚁 ［41］夷姨移遗于盂鱼愉逾愚榆虞渔余 ［51］已以宇羽雨禹与语屿 ［33］蚁亦抑易逸意义亿忆翼艺译议娱玉芋郁浴欲喻寓裕遇愈预豫御誉愉榆逾

o

p ［35］波玻菠 ［51］簸 ［33］剥拨播勃博驳薄薄不

ph ［35］坡 ［41］婆 ［33］泼破剖朴瀑

m ［35］摸摹 ［41］磨 ［51］抹 ［33］没磨抹末沫陌莫寞木目牧穆

f ［33］佛伏服袱幅福复蝠腹赋覆

t ［35］多 ［51］朵 ［33］督毒独犊读笃夺剁舵惰

th ［35］拖 ［41］陀驮驼 ［51］妥椭 ［33］秃突蜕托脱

n ［35］洛 ［41］腡螺罗骡萝箩锣骆挪 ［51］裸 ［33］烙乐六陆禄络落摞诺糯

ʦ ［51］左佐 ［33］触竹逐烛嘱苎祝箸筑卓捉桌着着琢浊镯昨作坐座

ʦh ［35］搓 ［33］出戳促撮措锉错凿拙

s ［35］唆梭蓑 ［51］所琐锁 ［33］叔淑熟束说缩索属

z ［33］入若弱

k　［35］锅　［51］果裹　［33］谷骨榖过

kh　［51］颗　［33］哭

x　［35］喝荷豁　［41］何和河荷　［51］火伙　［33］禾合核盒贺鹤活货祸霍藿

ø　［41］俄蛾鹅　［33］饿沃卧握屋勿物

u

p　［35］卜　［51］补　［33］布步怖部簿

ph　［35］铺　［41］甫赴菩蒲仆　［51］捕扑浦普谱［33］脯铺

m　［41］模膜　［51］母牡拇　［33］募墓幕慕暮

f　［35］夫孵敷肤麸乎呼　［41］扶芙俘浮狐胡壶湖糊胡［51］府斧俯釜腑腐辅抚虎浒　［33］符父付附咐负副妇傅富缚互户护

t　［35］都　［51］堵赌肚　［33］妒杜肚度渡镀

th　［41］徒途屠涂图　［51］土吐　［33］兔

n　［41］卢庐芦炉驴奴　［51］卤虏鲁橹努　［33］露鹿路怒

ʦ　［35］朱株珠猪蛛诛诸租　［51］主煮阻祖组　［33］轴住助注柱著蛀驻做

ʦh　［35］初粗　［41］除锄储　［51］杵楚础处鼠拄［33］处醋

s　［35］书殊梳疏舒蔬输酥苏　［41］赎　［51］暑署薯墅数蜀　［33］蜀述恕庶术漱数树素诉塑竖

z　［35］孺　［41］如儒　［51］汝乳辱

k　［35］姑孤　［51］估古股牯鼓　［33］固故雇顾

kh　［35］箍枯窟　［51］苦　［33］库酷裤

ø　［35］巫乌诬　［41］吴梧无蜈　［51］吾五午伍武侮舞鹉　［33］戊务悟误雾

ə

k　［35］戈哥歌　［33］胳割鸽葛阁各个郭角

kh　［35］科　［51］可　［33］搁磕渴课壳

ŋ　［51］我　［33］恶沤

ɿ

ts　［35］之支芝枝知肢只姿兹滋资咨　［51］脂只旨指纸子姊紫滓　［33］翅巳蛰至志制治致痔智痣稚字自牸

tsh　［35］嗤　［41］池持驰迟斥祠瓷词慈磁雌辞赐伺［51］耻齿此止址趾　［33］次刺秩

s　［35］匙尸施师狮诗司私思斯丝撕　［41］时　［51］史使始屎驶死　［33］士氏世仕市示式事侍恃拭是柿逝视势试饰誓四寺似祀肆饲

ɚ

f　［33］帕

tʂ　［35］遮　［33］蔗汁织侄直值执植殖职置质

tʂh　［35］车　［51］扯　［33］吃尺赤

ʂ　［35］赊　［41］蛇射　［51］舍　［33］豉舍社失湿十什石拾食实蚀识室适释

ʐ [51] 惹 [33] 日

k [35] 羹

ø [41] 而儿 [51] 耳尔饵 [33] 二

A

p [35] 巴 [41] 爬 [51] 把 [33] 八爸罢霸坝欛

ph [35] 杷琶 [41] 拔爬耙 [33] 怕

m [41] 麻 [51] 马码 [33] 抹

f [33] 发乏伐筏罚法

t [51] 打 [33] 搭答达大跌

th [33] 塌塔獭踏

n [35] 拉 [41] 拏 [51] 哪 [33] 那 [33] 辣腊蜡那纳捺

ʦ [35] 渣 [33] 杂扎札煤闸铡眨乍炸诈榨

ʦh [35] 叉杈差 [41] 查茶察 [51] 叉 [33] 擦插搽岔

s [35] 萨沙纱杉 [51] 撒洒傻 [33] 杀煞

k [51] 尬

x [35] 呵 [33] 下

ø [35] 阿

ie

p [35] 逼憋 [33] 白百柏北鼻笔必毕碧箅滗壁璧别伯譬

ph ［51］鄙 ［33］辟泊拍劈僻撇迫魄

m ［33］麦秘密蜜灭篾墨默

t ［35］爹 ［33］得德滴狄笛嫡敌迭碟蝶谍

th ［35］梯 ［33］跌特剔踢贴铁帖

n ［33］勒肋力立例荔栗笠粒励历列劣烈裂猎逆匿捏聂孽镊粟业

tɕ ［51］姐 ［33］迹激积击绩及吉急级疾极集辑脊鲫接揭疖杰结节截竭洁借藉籍橘决倔诀绝

tɕh ［41］茄瘸 ［51］且 ［33］劫捷七戚漆砌切妾怯缺膝契却

ɕ ［35］栖些靴 ［41］媳邪谐蟹斜 ［51］写 ［33］夕昔析息悉惜熄锡席习隙削歇协挟胁泄卸屑懈谢泻恤薛穴雪血吸袭栖

Ø ［35］噎耶曰迂 ［41］爷 ［51］也野椅 ［33］夜液腋页叶一揖乙月悦越粤阅益

ue

k ［33］国

x ［33］或惑获

io

n ［33］律率掠略疟

tɕ ［33］角脚局菊觉足

tɕh ［33］掘曲屈雀确鹊族

ɕ ［33］俗速宿宿肃屑戌旭畜畜蓄续续学

ø [33] 乐虐药钥役疫育域狱约岳

iA

th [35] 他

tɕ [35] 加佳家嘉稼 [51] 贾假 [33] 夹甲架嫁价驾匣

tɕh [33] 掐恰洽

ɕ [35] 虾 [41] 侠峡狭瑕辖霞斜 [33] 瞎下下夏吓

ø [35] 丫鸦轧 [41] 牙芽涯衙 [51] 哑雅 [33] 押鸭压亚

uA

ts [35] 抓 [51] 爪 [33] 啄

s [33] 刷

k [35] 瓜 [51] 剐寡 [33] 刮剐卦挂

kh [35] 夸 [33] 跨

x [35] 花划 [41] 华划 [33] 滑猾化画话

ø [35] 挖蛙 [51] 瓦 [33] 袜

ai

p [35] 跛 [51] 摆 [33] 拜败稗

ph [41] 排牌 [33] 派

m [41] 埋 [51] 买 [33] 卖

t [35] 呆 [33] 代待怠带袋贷戴

th [35] 胎 [41] 台抬苔 [51] 大 [33] 太泰态

n [35] 奶 [41] 来 [51] 乃奶 [33] 赖癞奈耐

ʦ [35] 灾栽斋 [51] 宰载 [33] 载再在债寨

ʦh [35] 猜差揣 [41] 才材财裁柴豺 [51] 采彩啱 [33] 菜蔡

s [35] 腮鳃筛衰摔 [33] 率赛晒帅

k [35] 该阶街 [51] 改解 [33] 丐盖

kh [35] 揩开 [51] 凯楷 [33] 溉概慨

ŋ [35] 哀埃挨 [41] 捱呆崖岩 [51] 矮 [33] 艾隘爱碍

x [41] 孩鞋 [51] 海 [33] 亥害

uai

k [35] 乖 [51] 拐 [33] 怪

kh [51] 块 [33] 刽会快

x [41] 淮槐怀 [33] 坏

ø [35] 歪 [33] 外

ei

p [35] 卑杯悲碑 [33] 贝背背倍焙辈臂

ph [35] 胚批坯披 [41] 陪培裴赔 [33] 佩配

m [41] 枚梅媒煤霉糜 [51] 每美 [33] 妹

f [35] 妃非飞 [41] 肥 [51] 匪翡 [33] 沸肺费痱废

t [35] 堆 [33] 兑队碓对

th　　[35] 推　[51] 腿　　[33] 退

n　　[41] 雷　[51] 儡垒累屡　[33] 累累类内摄

ʦ　　[35] 蜇追锥　[41] 贼　[51] 嘴　[33] 坠最罪醉

ʦh　　[35] 吹炊崔催　[41] 垂槌锤　[33] 脆粹翠碎

s　　[35] 尿　　[41] 谁随　[51] 水髓　　[33] 瑞税睡岁

z　　[33] 锐

uɛi

k　　[35] 规闺鬼归　[51] 癸轨鬼诡　[33] 桂贵跪柜

kh　　[35] 盔窥亏魁　[41] 奎逵葵　　[51] 傀　[33] 愧溃

x　　[35] 灰恢挥辉徽　[41] 回　[51] 悔毁　[33] 晦惠会贿慧讳秽绘穗

ø　　[35] 威煨萎　[41] 危微桅唯惟围为违维　[51] 尾委伟苇纬　[33] 为伪未位味畏胃慰卫谓魏

iɛi

ʨ　　[35] 皆阶　[51] 解　[33] 介戒界疥械

an

p　　[35] 扳班般斑搬颁掰　[51] 板版　[33] 半伴扮拌绊办瓣瓣

ph　［35］潘攀　［41］盘　［33］判叛盼畔襻

m　［41］瞒馒蛮　［51］满　［33］迈慢漫蔓

f　［35］番翻　［41］帆凡烦繁矾泛　［51］反　［33］犯范贩饭范

t　［35］丹单担端　［51］疸掸胆短　［33］担旦但淡蛋诞弹段缎锻断

th　［35］坍贪摊滩探　［41］弹痰潭坛檀谭团　［51］坦毯　［33］谈炭

n　［41］蓝拦篮兰栏男南难　［51］懒览揽榄缆卵暖［33］滥烂乱难

ʦ　［35］黏粘簪攒沾毡瞻专砖钻　［51］展斩盏转［33］颤传溅暂赞占站栈绽战蘸转篆赚钻

ʦh　［35］参餐搀川穿氽　［41］残惭蚕缠谗馋船传椽［51］惨产铲　［33］灿串篡窜

s　［35］三山删衫珊扇拴酸　［41］禅蝉　［51］伞散陕闪　［33］散疝扇善膳鳝闩涮蒜算

z　［41］然燃　［51］冉染阮软

k　［35］干甘肝柑竿尴间干　［51］敢感橄擀　［33］干

kh　［35］刊勘堪　［51］龛坎　［33］看

ŋ　［35］安鞍　［33］岸按案暗晏雁

x　［35］酣憨　［41］含函寒韩闲咸　［51］罕喊［33］汗旱汉憾撼翰陷

uan

k　［35］官冠棺关观　［51］管馆　［33］冠观贯惯灌罐

kh [35] 宽 [51] 款

x [35] 欢 [41] 横还环 [51] 缓 [33] 幻宦患唤换焕

ø [35] 豌弯湾宛腕 [41] 丸完玩顽 [51] 娩挽晚皖碗 [33] 万院

en

p [35] 奔崩 [51] 本 [33] 笨

ph [41] 盆彭膨

m [41] 门 [33] 闷

f [35] 分吩芬纷 [41] 焚坟 [51] 粉 [33] 份忿愤奋粪喷

t [35] 沓登灯敦蹲 [51] 等戥墩 [33] 澄扽凳邓瞪囤沌盾遁钝顿屯

th [35] 吞 [41] 疼誊藤腾

n [41] 伦轮能 [51] 冷 [33] 论嫩

ʦ [35] 曾增憎赠珍贞真针侦斟臻诊征争蒸筝正尊遵 [51] 枕疹振震拯整准 [33] 澄阵镇正政症郑证

ʦh [35] 称撑撑春椿村 [41] 层臣沉陈尘丞成呈承城程诚存曾 [51] 惩逞蠢 [33] 蹭趁称衬掌秤寸慎

s [35] 参森僧申伸身娠深升生牲甥声胜孙 [41] 辰晨承乘唇纯醇神绳 [51] 沈审婶省笋损榫 [33] 甚肾渗盛剩胜圣舜顺

z [41] 人仁 [51] 忍刃韧扔 [33] 壬任认仍闰润孕

k [35] 根跟更庚耕 [51] 哽耿梗粳 [33] 更埂

kh　［35］坑坤昆　［51］肯垦恳　［33］困

ŋ　［35］恩樱　［33］硬

x　［41］痕恒衡　［51］很　［33］恨杏

uen

k　［51］巩滚

x　［35］昏婚荤浑　［41］横魂　［33］混

ø　［35］温瘟　［41］文纹蚊闻　［51］刎吻稳　［33］问璺

in

p　［35］蓖彬宾殡冰兵槟　［51］丙柄饼　［33］病

ph　［35］姘　［41］贫频平坪屏瓶萍评　［51］品　［33］聘

m　［41］民名明暝鸣　［51］抿敏悯　［33］命

t　［35］丁疔钉　［51］顶鼎　［33］钉定订锭

th　［35］听厅　［41］廷亭庭停蜓　［51］挺艇　［33］听

n　［41］怜林淋邻临鳞拎伶陵凌菱铃零灵宁吟　［51］领岭　［33］吝令凝

tɕ　［35］巾今斤金津筋襟禁京荆茎晶睛经精惊君均军钧　［51］仅紧锦谨井景颈警境　［33］尽近劲晋进禁径净竟敬靖静镜竞菌俊郡

tɕh　［35］亲钦青卿清倾蜻轻　［41］芹秦琴禽勤擒情晴擎琴裙群　［51］寝顷请　［33］浸侵庆

ɕ　［35］心辛欣新薪星腥兴勋薰　［41］刑行形型巡旬荀

寻循询 [51] 醒 [33] 信兴行姓幸性迅讯训

Ø [35] 因姻音殷阴荫英婴莺缨鹰鹦蝇 [41] 荣寅淫银迎盈营萤嬴云匀云 [51] 尹引饮隐影永 [33] 印应映泳运晕韵熨

iɛn

p [35] 编蝙边鞭 [51] 扁匾贬 [33] 便辨辫辩变

ph [35] 偏篇 [51] 片 [33] 遍遍片骗

m [41] 眠棉绵 [51] 免勉缅 [33] 面

t [35] 颠癫 [51] 典点 [33] 佃店奠殿电垫簟臀

th [35] 天添 [41] 田甜填 [51] 舔

n [35] 拈研 [41] 连廉莲联帘镰年阎严 [51] 脸碾撵 [33] 炼练恋念砚验

tɕ [35] 奸尖肩兼坚煎监艰捐绢 [51] 间柬减剪趼拣笕俭检简茧卷敛 [33] 件见建健腱渐剑箭贱践荐键饯舰鉴卷倦圈

tɕh [35] 笺歼千牵迁谦签圈 [41] 前虔乾钳钱全泉拳权 [51] 浅遣犬 [33] 欠歉券劝

ɕ [35] 仙先掀鲜宣轩喧 [41] 弦涎闲嫌衔贤玄旋悬眩 [51] 险显选癣 [33] 限苋现羡宪县馅献旋楦

Ø [35] 咽烟淹焉腌蔫阉炎冤渊 [41] 铅延言沿檐颜盐元原员援园圆源缘辕 [51] 掩眼演远 [33] 筵宴晏堰焰厌燕远怨愿

əu

f [51] 否

t　［35］兜逗篓　［51］斗陡　［33］豆逗斗痘

th　［35］偷　［41］投头　［51］抖　［33］透

n　［41］楼　［51］搂　［33］陋漏

ʦ　［35］州舟周洲邹　［51］肘帚走　［33］咒宙纣昼奏

ʦh　［35］抽搊　［41］仇愁稠酬绸筹　［51］丑　［33］臭骤

s　［35］收搜馊　［51］手守首　［33］受售授寿瘦兽嗽

z　［41］柔揉　［33］肉

k　［35］勾钩沟　［51］狗　［33］苟构购

kh　［35］抠　［51］口　［33］叩扣寇

ŋ　［35］欧　［51］殴偶呕藕

x　［41］侯喉猴　［51］吼　［33］后厚后候

iəu

t　［35］丢

n　［35］溜　［41］流留琉硫榴刘馏牛　［51］柳扭纽

ʨ　［35］纠鸠阄灸　［51］九久韭酒　［33］究臼咎柩救就舅旧

ʨh　［35］丘秋鳅　［41］求球

ɕ　［35］休修羞　［51］朽　［33］秀袖锈嗅

ø　［35］幽悠忧优　［41］尤由油邮游犹　［51］友有酉　［33］柚又右幼佑釉诱

ɑu

p [35] 包胞褒雹抱 [51] 保堡饱宝 [33] 抱豹菢报暴鲍爆刨曝

ph [35] 脬泡 [41] 刨袍 [51] 跑 [33] 炮泡

m [35] 猫 [41] 毛矛茅 [51] 卯 [33] 冒帽貌

t [35] 刀叨 [51] 倒岛祷 [33] 倒导到盗道稻

th [35] 掐滔涛 [41] 逃桃陶淘萄 [51] 讨 [33] 套

n [35] 捞唠 [41] 牢劳涝 [51] 老姥恼脑 [33] 闹

ʦ [35] 朝遭糟招昭沼召 [41] 着 [51] 早蚤枣澡 [33] 皂躁兆诏照罩赵

ʦh [35] 操抄超钞缲 [41] 曹槽巢朝潮 [51] 草吵炒 [33] 糙造

s [35] 臊骚梢稍筲烧 [51] 扫嫂晌少 [33] 臊扫少邵绍潲

z [41] 饶 [51] 扰绕

k [35] 羔高膏蒿糕 [51] 篙搞稿 [33] 告窖觉

kh [35] 敲 [51] 考烤 [33] 犒靠

ŋ [35] 熬 [41] 熬 [51] 袄咬 [33] 傲奥澳懊

x [35] 薅 [41] 毫豪壕号 [51] 好 [33] 好浩耗号

iɑu

p [35] 彪标膘 [51] 表

ph　［35］漂飘　［41］瓢　［51］漂

m　［41］苗描　［51］秒渺　［33］妙庙谬

t　［35］刁貂雕　［33］掉钓调

th　［35］挑　［41］调条　［51］掉　［33］跳

n　［41］聊辽燎疗瞭　［51］了了鸟　［33］料

tɕ　［35］交郊椒焦娇浇胶蕉骄教　［51］狡绞剿侥铰饺缴搅较　［33］叫教轿嚼觉

tɕh　［41］乔侨荞桥　［51］巧　［33］窍

ɕ　［35］宵消硝销霄萧箫嚣肖　［41］淆　［51］小晓　［33］酵孝效校笑

ø　［35］幺吆妖腰邀　［41］姚尧摇　［51］痒舀　［33］要要耀鹞跃

oŋ

p　［33］蚌

ph　［41］朋棚蓬篷　［51］捧　［33］喷

m　［41］萌盟蒙懵谋　［51］猛某亩　［33］茂贸梦孟

f　［35］封风枫蜂疯锋丰　［41］逢冯缝　［51］讽　［33］缝奉俸凤

t　［35］冬东　［51］懂　［33］洞冻动栋

th　［35］通　［41］同桐童铜瞳筒　［51］捅桶统　［33］痛

n　［35］聋　［41］隆龙笼陇农浓脓　［51］拢　［33］弄

ʦ　［35］舂中忠盅终钟宗综踪鬃　［51］肿种总　［33］

中仲重众皱粽纵

ʦh [35] 充冲铳忽葱聪 [41] 崇虫从丛重 [51] 宠怂怂

s [35] 松 [33] 宋送讼颂诵

z [41] 戎茸绒氄

k [35] 工弓公功攻供宫恭蚣躬 [51] 汞 [33] 供拱共贡

kh [35] 空 [51] 孔恐 [33] 控

x [35] 烘轰 [41] 弘宏洪红鸿

Ø [35] 翁壅 [33] 瓮

ioŋ

ʨh [41] 穷

ɕ [35] 凶兄胸 [41] 雄熊

Ø [41] 容溶蓉融 [51] 拥咏勇允 [33] 用

ɑŋ

p [35] 邦帮 [51] 榜谤 [33] 棒

ph [41] 傍旁螃庞 [33] 胖

m [41] 忙芒盲茫 [51] 莽蟒氓

f [35] 方坊芳 [41] 防房 [51] 舫仿纺访 [33] 放

t [35] 耽当 [51] 挡党 [33] 当宕荡

th [35] 荡汤 [41] 唐堂棠塘糖 [51] 躺 [33] 趟烫

n　［41］郎狼廊螂囊　［41］朗　［33］浪

ʦ　［35］赃张章樟妆庄装桩　［51］长掌涨　［33］藏葬丈仗杖帐胀障账壮状

ʦh　［35］仓苍舱昌倡窗疮　［41］长肠场床　［51］厂闯撞　［33］唱畅创

s　［35］桑丧商伤裳霜双孀　［41］常尝偿　［51］嗓赏爽　［33］丧上上尚

z　［41］瓤　［51］壤　［33］让

k　［35］缸刚纲钢　［51］岗港　［33］虹虹扛

kh　［35］康慷糠筐框眶　［33］抗炕旷矿

ŋ　［41］昂

x　［35］夯　［41］杭航行　［33］巷项

iaŋ

n　［41］良凉梁粱娘酿　［51］两辆　［33］凉亮量谅

ʨ　［35］江豇僵浆姜疆缰将　［51］蒋桨奖讲　［33］浆匠降将酱强

ʨh　［35］羌腔枪　［41］藏强墙祥　［51］强抢［33］像

ɕ　［35］相香乡湘箱襄镶　［41］降详　［51］享想饷响［33］相向象橡

Ø　［35］央殃秧　［41］羊洋阳扬杨疡　［51］仰养［33］样

uaŋ

k [35] 光 [51] 广 [33] 逛
kh [33] 况
x [35] 荒慌 [41] 皇黄惶蝗簧 [51] 谎 [33] 晃
ø [35] 汪 [41] 亡王忘 [51] 往枉网 [33] 妄旺望

参考文献：

[1] 周及徐．南路话和湖广话的语音特点——兼论四川两大方言的历史关系 [J]．语言研究，2012 (3).

[2] 中国社会科学院语言研究所．方言调查字表 [M]．北京：商务印书馆，1981..

[3] 越西县志编纂委员会编．越西县志．[M]．成都：四川辞书出版社，1994.

Phonetic System of Yuexi（越西）Speech in Sichuan Province

Li Linwei

(College of Liberal Art, Sichuan Normal University; Chengdu Sichuan, China; 610068)

Abstract: Yuexi speech has long been a blank in the research of Southwest mandarin as no one has done any research before. Based on the first－hand field investigation on the speech with the natives in Yuexi County, the author describes the phonetic system of Yuexi speech as well as its phonetic value according to the strict phonetic depiction, and concludes the initial consonant system, vowel system and tone system of the speech , and shows the laws of their incorporation.

Key words: Sound system; Chinese dialect; Yuexi County; Sichuan Province;

四川南充集凤方言音系

杨薇薇[①]

摘　要　南充方言属于西南官话，但历来研究较少。本文主要分析南充市集凤方言的声韵调和语音特点，并且将集凤方言与成都话进行比较，借以管窥南充方言的语音特点。

关键词　南充；集凤；方言；音系研究

一、概况

南充市位于四川盆地东北部，嘉陵江中游。东邻达州，西通成都，南连重庆，北接广元、巴中。区内有成南、318 国道、达成铁路等主要交通干线，是四川重要的交通、通信枢纽。

① 作者简介：杨薇薇，西南大学汉语言文献研究所 2011 级研究生。

南充居民主要是汉族。《中国语言地图集》[①] 将南充方言归入西南官话。《西南官话的分区（稿）》（李蓝 2009）[②] 将南充方言归入西南官话川黔片成渝小片。南充方言具有典型西南官话的特点，但历来研究较少，目前主要有曾晓舸《南充方言研究》[③]，该书对南充境内不同类型的方言进行了相应的研究。

本文以位于南充市西面的集凤镇作为方言调查点。该镇位于市区西部，国道 318 线横穿东西，距城区 35 公里，东临龙蟠镇，南接龙池乡，西连里坝镇，北靠金宝镇、积善乡，方言保存较完整。《南充方言研究》将集凤方言归入龙蟠官话，但分析很少。集凤方言是南充方言的一支，属于西南官话川黔片成渝小片，它除了具有浊音清化、平分阴阳、尖团音不分、鼻尾混为二、浊上变去等北方官话特点外，还具有其自身特点。本文试对集凤方言音系结构、语音特点进行研究，并与成都话进行比较，借以管窥南充方言的语音特点。本文描写的是笔者的母语，所记之音以笔者发音为主，并且参考两位当地发音合作人的发音。发音人分别是：杨盛君，1940 年出生，小学文化，农民；何映英，1944 年出生，小学文化，农民。

二、集凤方言音系结构

（一）声母：

声母 21 个（包括零声母）（以下以发音部位和发音方法列

---

① 中国科学院，澳大利亚人文学院．中国语言地图集［M］．香港：朗文（远东）出版有限公司，1987．

② 李蓝．西南官话的分区（稿）［J］．方言．2009（1）：77．

③ 曾晓舸．南充方言研究［M］，成都：四川人民出版社，2009．

表，并给出例字）。

表格 1　集凤方言声母表

调音方法＼调音部位		唇音	龈音	卷舌音	腭音	软腭音
塞音	不送气	p 波步办	t 都肚弟			k 国共
	送气	Ph 铺怕平	th 推土台			kh 肯康狂
塞擦	不送气		ts 租暂株稚斋骤州		tɕ 卷掘接就	
	送气		tsh 催瓷痴持差巢吹		tɕh 气钳秋前	
鼻	浊	m 马米猛	n 你闹老		ȵ 年扭严业	ŋ 我暗
边	浊					
擦音	清	f 法冯呼户	s 扫随使诗甚善		ɕ 修序希谐熊	x 海呼惠
	浊	v 无五乌	z 然阮锐			
零声母		Ø 微而鱼衣枉友员移容				

集凤方言声母音值：

1. ［v］只与元音韵母［u］构成音节，后接［u］元音不圆唇，形成变体［vɯ］，古遇摄合口一等疑、影母字在今集凤方言里，大多带有较重的［v］擦音，如五［vu］42、吴［vu］42。

2. ［ȵ］舌面前鼻音，后带摩擦，实际是［ȵʑ—］，与细音相拼。如：凝［ȵin］21、拟［ȵi］42、牛［ȵiu］21。

3.［ŋ］舌根鼻音，成阻后立即除阻，鼻腔气流短而弱。如：我［ŋɔ］42、岸［ŋan］214、崖［ŋai］21。

4.［m］双唇浊鼻音，鼻腔气流比较弱；［ʦ、ʦh、s］舌位较普通话发音稍后；［z］发音摩擦明显而短暂，气流较弱。如：绕［zau］214、任［zən］214。

5. 其他声母发音多与普通话相似。

（二）韵母：韵母 34 个（以四呼排列，并给出例字）。

表格 2　集凤方言韵母表

韵头 韵尾	开口呼	齐齿呼	合口呼	撮口呼
无	ɿ 姿次四祠师事	i 避李基息忆隶	u 布户五主母	y 菊吕趣许
	a 八怕那茶塔	ia 假佳掐霞崖	ua 瓜滑抓垮刷	
韵	o 多不落桌服磨			yo 确缺月欲药
	e 北克哲麦策	ie 别列杰邪野帖	ue 国括阔扩	
尾	ə 二而耳饵			
元	ai 拜买待在改	iai 皆解界	uai 帅怪歪揣	
音	ei 悲妃赔肺车		uei 内泪追桂絮屡	
韵	au 曝刀茂吵告	iau 表跳交鸟刁		
尾	əu 粥豆丑狗	iəu 柳秋求九右		
鼻	an 凡删半散项	iɛn 店眼片减店	uan 短算川赚观	yɛn 泉元捐犬
音	ən 登跟愤孟沈盾深	in 冰灵平近音	uən 闻顿唇困横	yn 旬匀君允寻
韵	iɑŋ 腔良讲象央	uɑŋ 筐框窗双		
尾	oŋ 棚蒙农宗宏	ioŋ 穷雄胸融用		

集凤话韵母音值：（［a］、［ia］、［ ua］中的［a］，分别作

［A］、［a］、［ɑ］，本文一律写作［a］①）

1. ［ɿ］舌尖前元音，舌尖较普通话略后。

2. ［u］单独构成音节时，在舌尖音和舌根音后，发音近于标准元音；在唇音声母后带有唇齿浊擦音 v，发音唇形不圆唇，是一个略低的［一ɯ］，如：五［vu］42、吴［vu］42 。

3. ［y］可单独构成音节，也可作韵头，接近于标准元音；［o］比标准元音略开，前加韵头成为［io］时，是古入声字韵母；［e］发音略开，近于［E］；［a］在韵母［ai］、［uai］、［iai］中，舌位略高而后，接近［ɐ］。

4. 儿化韵，集凤方言中，老人多读作［ə］，年轻人多读作［ɚ］，此处记老人读音。

（三）声调

集凤方言声调共有四个（不含轻声），没有入声。

表格 3　集凤方言声调表

调值／调类	普通话	成都话	集凤话	例　　字
阴平	55	45	55	波风刀灾蜘妆招姑埃/攀芳胎餐抽抄春欺希
阳平	35	21	21	婆符驼才池愁时骑回/磨无奴罗如鱼圆
上声	214	42	42	把斧朵果/品躺所孔/米冷忍往
去声	51	213	214	布付市旱/播带镇盖/破菜唱向/步豆视汗/妹丽认岸
入归阳平		21	21	八法哲骨/泼罚色哭/白突值合/米立若药

① 本文记音一律使用宽式音标。

集凤话声调说明：

阴平 55，高平，比较成都话高而长，无升势，近于普通话；阳平 21，低降，短；上声 42，高降；去声 214，中降尾升；入声归阳平，但略短促。

三、集凤方言语音特点阐释

（一）声母特点

1. 今集凤方言里，古泥母洪音字和古来母字相混，都读［n］声母。如南（泥）＝蓝（来）；路（来）＝怒（泥）。古泥母细音字和古疑母咸、曾两摄开口三等、止摄开口三等之韵、流摄开口三等尤韵、山摄开口三等薛韵、宕摄开口三等药韵字相混，都读［ȵ］声母。如：年＝严［ȵian］21、聂＝业［ȵiɛ］214，凝（曾）［ȵin］21、拟（止）［ȵi］42、牛（流）［ȵiu］21、虐（宕）［ȵyo］214。

2. 平翘舌不分。今集凤方言中，古精组细音字和知系字读音相混，读作［ʦ、ʦh、s］，如：糟（精）＝招（章），读［ʦ］声母；仓（清）＝昌（昌），读［ʦh］声母；散（心）＝扇（书），读［s］声母。

3. 零声母字大量增加。今集凤方言中，零声母多来自：古疑、影、云、微、日、以母。如：言（疑，古读［ŋ］）、约（影，古读［ʔ］）、围（云，古读［j］）、微（微，古读［ɱ］）、而（日，古读［ȵʑ］）、延（以，古读［ø］），今集凤方言都读为零声母。

4. 今集凤方言中，古疑母多分化为零声母和声母［ŋ］、［ȵ］、［v］。其中［ŋ］声母主要来自果、山两摄开口一等和蟹、梗两摄开口二等，如：我［ŋɔ］42（果）、岸［ŋan］214（山），崖［ŋai］21（蟹）、额［ŋe］21（梗）。［ȵ］主要来自咸、曾两摄开口三等、止摄开口三等之韵、流摄开口三等尤韵、山摄开口三等薛韵、宕摄开口三等药韵，如：严（咸）［ȵiɛn］21、凝（曾）［ȵin］21、疑（止）［ȵin］21、牛（流）［ȵiu］21、孽（山）［ȵiɛ］214、虐（宕）［ȵyo］214 。［v］主要来自遇摄合口一等，如五［vu］42、吴［vu］42 等，这些字都带有比较重的摩擦［v］音。其他疑母字大多归入零声母。如：雅（假）［ia］42、鱼（遇）［y］21、元（山）［yɛn］21 等。

5. 古影母在今集凤方言中主要分化为零声母和声母［ŋ］、［v］。其中［ŋ］主要来自蟹摄开口和咸、山、效、流四摄开口一等开声韵。如：蔼（蟹）［ŋai］42、庵（咸）［ŋan］55、案（山）［ŋan］214、爊（效）［ŋau］55、坳（效）［ŋau］42、怄（流）［ŋəu］214 。［v］主要来自遇摄合口一等，如：乌［vu］55、恶［vu］214。其他影母字大多归入零声母，如：阿（果）［A］55、哑（假）［ia］42、衣（止）［i］55。

6. 今集凤方言中，古日母字分化为零声母和［z］声母，零声母主要来自止摄开口三等字。如：尔［e］42、二［e］214、儿［e］42。其他日母字多归入［z］声母，如：蕊（止合）［zuei］42 、惹（假）［ze］42、绕（效）［zau］214、任（深）［zən］214。

7. 今集凤方言中，古微母主要分化为零声母和［v］声母，［v］主要来自遇摄合口三等字，如：无（遇）［vu］21、武（遇）［vu］42、雾（遇）［vu］214。零声母则主要来自止、山、臻、宕四摄的合口三等字。如：味（止）［uei］214、晚（山）

[uan] 42、文（臻）[uen] 21、亡（宕）[uŋ] 21。

8. 今集凤方言里，古晓、匣母主要分化为 [x]、[ɕ] 和 [f] 声母，其中，细音字归入 [ɕ] 声母；洪音字多归入 [x] 声母，晓、匣母遇摄合口一等字读 [f] 声母，混入非组，故今集凤方言中 f、h 有时不分。如：呼（晓）[fu] 55、虎（晓）[fu] 42，胡（匣）[fu] 21、户（匣）[fu] 214。

声母方面：集凤话与南充话一样，平翘舌不分、边鼻音不分；但集凤方言比南充方言多了一个 [v] 声母，比如五 [vu] 42、吴 [vu] 42，而南充话多读为零声母。

（二）韵母特点

从韵头来看，集凤方言四呼俱全，其特点具体如下：

1. 咸山两摄合流。今集凤方言里，咸摄舒声韵多演变为 [an]、[iɛn]，如：凡 [fan] 21、三 [san] 55；监 [tɕiɛn] 55、渐 [tɕiɛn] 214。山摄舒声韵开口呼多演变为 [an]、 [uŋ]、[iɛn]，如：但 [than] 214、删 [san] 55；盘 [phuŋ] 21、搬 [puŋ] 55；变 [piɛn] 214、见 [tɕiɛn] 214。合口呼多演变为 [an]、[uan]、[yɛn]，如：半 [pan] 214、撰 [tsuan] 214、元 [yɛn] 21、犬 [tɕhyɛn] 42。咸山两摄有合流。

2. 深、臻、梗、曾四摄合流。今集凤方言中，深摄舒声韵多演变为 [in]、[ən]，如：侵 [tɕhin] 55、今 [tɕin] 55，沈 [sən] 55、任 [zən] 214。臻摄多演变为 [in]、[ən]、[uən]、[yn]，如：尽 [tɕin] 214、紧 [tɕin] 42，跟 [kən] 55、恩 [ən] 55，寸 [tshuən] 214、昆 [khuən] 55，允 [yn] 42、君 [tɕyn] 55。曾摄多演变为 [ən]、[in]，如：登 [tən] 55、征 [tsən] 55，陵、凝 [ȵin] 21。梗摄多演变为 [ən]、[in]，如：

孟 [mən] 214、贞 [tsən] 55，幸 [ɕin] 214、馨 [ɕin] 55。四摄有合流。

宕、江二摄合流。宕摄舒声多演变为 [an] 、[uŋ]、[iaŋ]、[uaŋ]，如，桑 [san] 55、张 [tsan] 55；帮 [puŋ] 55、方 [fuŋ] 55；娘 [ȵiaŋ] 21、匠 [tɕ iaŋ] 214；光 [kuaŋ] 55、况 [khuaŋ] 214。江摄舒声多演变 [an]、[uŋ]、[iaŋ]、[uaŋ]，如项 [xan] 214、攮 [zan] 42；邦 [puŋ] 55、庞 [phuŋ] 21；讲 [tɕiaŋ] 42；撞 [tsuaŋ] 214、双 [suaŋ] 55。宕、江二摄合流。通摄多演变为 [uŋ]、[yŋ]，如送 [suŋ] 214、隆 [nuŋ] 21；穷 [tɕhyŋ] 21、雍 [yŋ] 55。如上所说，山摄舒声韵开口呼也多演变出 [an] 、[uŋ]，故宕、江、山、通四摄也有合流。如：搬 [puŋ] 55、庞 [phuŋ] 21、方 [fuŋ] 55、送 [suŋ] 214。

由上知，集凤方言里没有 [aŋ，əŋ，iŋ]，在集凤话中 [-n] 韵尾比 [-ŋ] 韵尾更占优势。从语音学角度来分析，集凤方言中的 [aŋ，əŋ，iŋ]，因为后鼻音韵母在前高元音影响下前移，形成后鼻音向前鼻音转化，因此集凤话 [an，ən，in] 与 [aŋ，əŋ，iŋ] 不分，且 [an] 与 [uŋ] 有时也不分。

3. 在今集凤方言中，止摄开口字大多分化为 [i]、[ɿ]，如披 [phi] 55、赐 [tshɿ] 214、师 [sɿ] 55；止摄开口三等日母字在集凤话中读为 [ə]，如尔 [ə] 42、儿 [ə] 42。止摄合口字多分化为 [ei]、[uei]、[uai]，如非 [fei] 55、妃 [fei] 55；嘴 [tsuei] 42、谁 [suei] 21；衰 [suai] 55、帅 [suai] 214。集凤方言中没有 [ʅ]，资（止）＝支（止），韵母都读为 [ɿ]。

4. 今集凤方言中入声韵尾消失，以 [－p]、[－t]、[－k] 结尾的入声韵都变为相应的阴声韵。在今集凤方言中，以 [－o]

结尾的字，多是由古入声韵尾发展而来。其中以［－yo］结尾的字主要来自：通摄烛韵，如欲［［yo］214、狱［［yo］214；江摄觉韵，如确［tɕhyo］214、学［ɕyo］21；宕摄开口药韵，如药［yo］214、脚［tɕyo］42、却［tɕhyo］214；山摄合口薛韵、月韵和屑韵，如月［yo］214、越［yo］214（月），悦［yo］214、阅［yo］214（薛），决［tɕyo］21、缺［tɕhyo］55（屑）。以［－o］结尾的字多来自：臻摄入声术韵，如出［tsho］55；宕摄入声铎韵，如落［no］214、作［tso］214、各［ko］214、郭［ko］55；江摄觉韵，如剥［po］55、捉［tso］55；山摄入声曷、末韵，如割［ko］55、葛［ko］21、渴［kho］42（曷），括［kho］214、活［xo］21（末）；咸摄入声合韵，如喝［xo］55、盒［xo］21；通摄入声屋、沃、烛韵，如：六［no］214、叔［so］55、祝［tso］214（屋），督［to］55、沃［o］214（沃），绿［no］214、录［no］214（烛）。集凤方言中，果摄一等见组和晓、匣母字，不论开合也多读为［o］韵母，如歌（见）［ko］55、河（匣）［xo］21，课（见）［kho］214、火（晓）［xo］42。

5. 集凤方言中深、臻、曾三摄开口三等和梗摄开口三、四等的入声字和蟹摄开口四等去声字中属于见组和精组的字，韵母多读为［i］。如：缉（深开三清）、急（深开三见）；疾（臻开三从）、吉（臻开三见）；息（曾开三心）、极（曾开三群）；济（蟹开四精）、计（蟹开四见）；积（梗开三精）、锡（梗开四心）、激（梗开四见）韵母都为［i］。

6. 在今集凤方言中，古宕摄开口一等开声韵和江摄开口二等开声韵多读［an］韵母。如：桑（宕）［san］55、当（宕）［tan］55；巷（江）［xan］214、港（江）［kan］42。古宕摄开口一等、合口三等的开声韵帮组字和江摄开口二等开声韵帮组字读［uŋ］韵母，如：帮［puŋ］55、方［fuŋ］55、庞［phuŋ］21。

韵母方面：集凤方言与南充方言一样，没有入声韵尾；果摄一等见组和晓、匣母字多读为［o］韵母；只有［ɿ］，没有［ʅ］；没有［əŋ，iŋ］，［—n］韵尾比［—ŋ］韵尾更占优势。但集凤话比南充话少了后鼻音韵母［aŋ］，多以韵母［an］或［uŋ］代替，比如桑［san］55、张［tsan］55，庞［phuŋ］21、方［fuŋ］55；也没有［ye］韵母，而是以韵母［y］或者［yo］代替，比如靴［ɕy］55、月［yo］214、决［tɕyo］21、缺［tɕhyo］55，集凤方言中［an］与［uŋ］有时不分，比如搬［puŋ］55。

（三）声调特点

1. 集凤方言声调调类有四种，即阴平、阳平、上声、去声，没有入声声调。

2. 入声归阳平。集凤方言声调演变的基本规律可表示如下：

调类

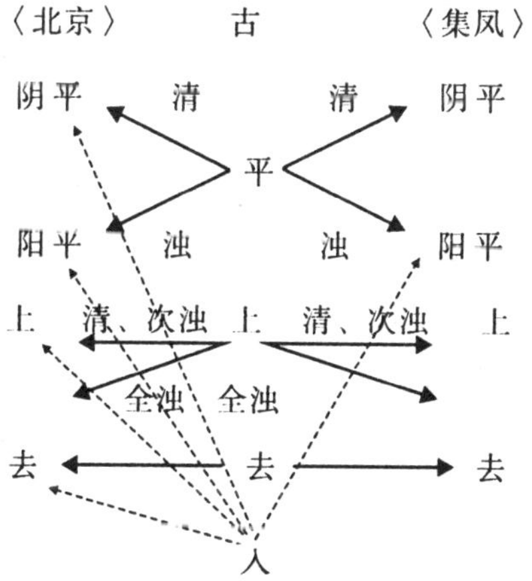

声调方面，集凤话和南充话调类和调值多相同。

四、集凤话与成都话的比较

（一）声母比较

在声母方面，集凤话和成都话很相似。两者都具有典型的北方官话特点：浊音清化，平送仄不送，不分尖团等。此外，二者还有很多共同点，主要如下：

1. 平翘舌不分，两处方言都只有［ʦ、ʦh、s］，没有［tʂ］、［tʂh］、［ʂ］。

2. 有［ŋ］声母，区分舌根音声母［ŋ］和零声母，比如：爱、按、矮，在集凤话和成都话中声母都为［ŋ］。

3. 边鼻音不分，在集凤话和成都话中，古泥母洪音字和古来母字相混，读［n］声母。比如：南（泥）、蓝（来），路（来）、怒（泥），都读［n］声母。古泥母细音字和古疑母字相混，读［ȵ］声母，在集凤话和成都话中都有年＝严 、聂＝业，声母都为［ȵ］。

4. 有声母［v］［z］。［z］声母多来自除止摄开口三等字以外的古日母字，比如惹、绕、任、入等。在集凤话和成都话中，古微、影、疑母的部分遇摄合口字，发音时摩擦比较明显，形成［v］声母，比如武、乌、五等。

5. ［f］与［x］有时不分。在集凤话和成都话中，呼、虎、胡、户的声母都读为［f］。

（二）韵母比较

韵母方面，和成都话一样，集凤话没有［əŋ ，iŋ］，有

[yo]、[iai]，有 [[ɿ]，没有 [ʅ]。但集凤话比成都话少了韵母 [aŋ] 和 [yɛ]。

1. 成都话有 [yɛ] 韵母，而集凤方言是以韵母 [y] 或者 [yo] 代替，比如靴 [y]^{55}、月 [yo]^{214}、决 [tɕyo]^{21}、缺 [tɕhyo]^{55}。

2. 集凤方言，没有 [aŋ] 韵母，[an] 与 [aŋ] 不分，且 [an] 与 [uŋ] 也有不分，比如搬 [puŋ]^{55}；而成都话要分。

（三）声调比较

集凤话调类跟成都话调类相同，没有入声声调，古全浊字有着相同的清化规律。但二者调值有不同。

1. 集凤方言和成都话都分为阴平、阳平、上声、去声，入声归阳平。

2. 集凤方言四个调类的调值分别是 55、21、42、214，成都话则为 45、21、42、213.

二者声调主要差别在于调值的长短和高低。

五、小结

本文主要从声、韵、调三个方面分析集凤方言，并且将集凤方言与中古音、成都话作对比，归纳集凤方言音系的特点，以此来管窥南充方言的特点。希望借以为南充方言研究提供素材，说明该地区的语言使用状况。笔者学识有限，鄙陋之处请方家批评指正。

（西南大学汉语言文献研究所，重庆，400715）

参考文献：

[1] 中国科学院，澳大利亚人文学院．中国语言地图集 [M]．香港：朗文（远东）出版有限公司，1987.

[2] 翟时雨．汉语方言学 [M]．重庆：西南师范大学出版社，2003.

[3] 李蓝．西南官话的分区（稿）[J]．方言．2009 (1)：77.

[3] 曾晓舸．南充方言研究 [M]，成都：四川人民出版社，2009.

[5] 中国社会科学院语言研究所．方言调查字表 [M]．北京：商务印书馆，2011.

Phonetic System of Jifeng Speech in Nanchong，Sichuan

Yang Weiwei

(Research Institution Of Chinese Language Documents，

Southwest University，Chongqing，400715)

Abstract：Nanchong speech belongs to Chengdu—chongqing subdialect of the southwest mandarin . The study on it is still rare at present. This thesis describes the phonological features of the speech of Jifeng，which is located in the west of Nanchong city，and compares it with Chengdu dialect to get a brief view of the phonological features of NanChong dialet.

Keywords：Nanchong ; Jifeng ; dialect; phonetic system research

四川南部县伏虎镇话音系

梁 浩[①]

摘 要 本文在田野调查基础上，描写了南部县伏虎话音系，归纳整理了伏虎话的声、韵、调语音特点，对其语音特征作了初步梳理。

关键词 四川方言；伏虎话；语音系统

一、南部县伏虎镇的地理位置

本次调查点为四川省南充市南部县伏虎镇。南部县位于四川盆地东北部、嘉陵江中游，介于东经 105.27′—106.24′，北纬 31.4′—31.30′之间。县境东接仪陇、蓬安，西邻盐亭、梓潼，南靠西充、顺庆，北连阆中、剑阁，县境内丘陵起伏，其地势西北

① 作者简介：梁浩（1988—），女，四川南充人，四川师范大学文学院 2012 级硕士研究生，汉语言文字学专业。

高、东南低。伏虎镇位于南部县西南方向距县城约 50 公里。1950 年设立伏虎乡，1984 年建镇。这里是农村地区，人们以务农为生，加之距离县城较远，人们说的方音土语与县城有很大不同。随着社会的发展，伏虎地区与外界交流日益频繁，年轻人语音与南部县城区语音基本相同，而老年人（60 岁以上）音系与城区语音有差别。对伏虎话老年人语音的调查可以窥视语音渐变之一二。

二、田野调查情况

调查时间：2013 年 8 月 13 日。调查地点：四川省南部县伏虎镇。发音人基本情况：利炳元，男，1952 年生，四川省南部县伏虎镇伏虎中学退休教师，中专文化。只会讲当地话，不会讲普通话。调查记音人：梁浩。

调查录音采用上海师范大学潘悟云教授研发的语言田野调查系统（TFW），以读字表方式进行调查和录音。调查字表以中国社会科学院语言研究所编制《方言调查字表》（修订本）为蓝本[1]，结合四川当地方言系统的特点，制成声韵调调查表以及四川方言调查字表（3592 字）。实际调查字数因异读、多读等原因稍有出入。录音使用 SONY 公司 ECM－MS907 话筒，以笔记本计算机为操作平台。采用宽式国际音标记音，音节调值采用五度标调法。使用潘悟云先生的 TFW 软件进行语音分类、校对，使用 praat 软件测声调值。由导师周及徐校听并修改音值。

三、伏虎话语音系统

（一）伏虎话声母系统

发音方法＼发音部位		双唇	唇齿	龈音	龈腭音	软腭
塞音	不送气	p 波步		t 多大		k 哥柜汞
	送气	ph 铺牌		th 他田		kh 概科葵
塞擦音	不送气			ts 左粘黏坐猪柱渣乍遮翅植触	tɕ 祭缉籍家券巨吸械捐	
	送气			tsh 囤躁搓才赐祠拄耻茶叉锄产拙车船仇	tɕh 蛆瞧鞘囚区渠洽	
擦音	清		f 喷夫蜂符呼互	s 缲梭似士使十		x 灰回
	浊			z 人阮孕酿	ɕ 些斜虾下熊	
近音		w 戊无乌吴				
鼻音	浊	m 磨蔓芒		n 老恼	ȵ 鸟念疑	ŋ 我爱
零声母		ø 望饵鹅鱼衣汪有袁易容				

伏虎方言声母共 21 个，其中包括辅音声母 20 个，零声母 1 个。不分平翘舌，泥来母洪混细分，f \ h 不相混。与南路话特

征同[2]。具体情况如下：

1. [p、ph、t、th、k、kh]：音值近似北京话，送气音的送气成分中摩擦较轻。如：波 po35，谱 phʊ353，多 to35，提 thi31，瓜 ku ʌ35，溉 khai325。

2. [m]：双唇鼻浊音，鼻音成分较重。如：磨 mo31，马 mʌ353。

3. [w]：双唇近音，略有摩擦，上齿与下唇接触后迅速分开，只与 ʊ 韵母结合。如：戊 wʊ325，巫 wʊ35，武 wʊ353。

4. [n]：鼻音成分比北京话略轻，是介于/n/与/l/之间的自由变体。如：姥 nau353，挪 no31，那 n ʌ325。

5. [ts、tsh、s]：调音目标区相比北京话靠后，摩擦较重。如：黏 tsan35，搓 tsho35，梭 so35。

6. [z]：龈浊擦音，同清擦音 [s] 对应，发音时摩擦略重。取代北京话/ɻ/声母地位。如：乳 zʊ353，揉 zəu31，入 zo44。

7. [tɕ、tɕh、ɕ]：音值与北京话无甚差异。如：姐 tɕi353，歼 tɕhiɛn35，寻 ɕin31。

8. [x]：音值与北京话无甚差异。如：会 xuei325，虹 xoŋ31。

9. [ŋ]：软腭浊鼻音，持阻时间较短、鼻音较弱。如：我 ŋo353，崖 ŋai31，藕 ŋiəu353。

10. [ȵ]：龈腭浊鼻音，腭化程度较高。如：鸟 ȵiau353，聂 ȵiɛ44，年 ȵiɛn31。

（二）伏虎话韵母系统

介音 韵尾	开口呼	齐齿呼	合口呼	撮口呼
无韵尾	ɿ 智式只制辞	i 避低爷液忆	ʊ 卜夫妇述五	
		ᴀ 巴怕拉尬杉杂了	iᴀ 佳牙压轧	uᴀ 杓瓜挂夸瓦花
		iæ 别篾跌接切	uæ 刷廓国扩获或	yæ 薛屑厥月绝
	ɛ 遮车蛇者正惹	iɛ 笛聂戚恤		yɛ 靴曰
	ɤ 歌科课	iu 屿鱼雨慰喻遇玉		
	ɚ 二而耳饵			
	o 波不朴没沸多律六粥入	iɵ 略卒脚虐钥浴		
元音韵尾	ai 拜癞寨还	iai 懈解谐械	uai 帅坏拽	
	ei 梅肺飞美		uei 队贼雷随	
	au 宝早爪凹	iau 表鸟饺跃		
	əu 都收肉	iəu 谬够旧宿殴后		
塞尾	æʔ 北迫白麦得拆职扼			
	ɤʔ 盒搁戈角恶粤			
	ɛʔ 帛植实识丨口			

介音 韵尾	开口呼	齐齿呼	合口呼	撮口呼
鼻音韵尾	an 扮蚌掸螃斩闲	iɛn 贬鲜点炎	uan 万完院观赚	yɛn 宣元丸轩圆铅
	en 更盾深愤登	in 兵盟音寻近秦	uən 纹顺孕混	yn 晋顷俊云窘荣允
	ɑŋ 脏盲唱邦	iɑŋ 江降粮羊	uɑŋ 亡撞窗矿黄	
	oŋ 蒙崩谋农贸	ioŋ 凶穷容用		

伏虎方言韵母共有 42 个，其中单元音韵母共有 8 个，无韵尾韵母 9 个，元音韵尾韵母 9 个，喉塞尾 3 个，鼻音韵尾韵母 13 个。具体情况如下：

1. [iɵ]、[yæ]、[iæ]、[uæ]、[æʔ]、[ɤʔ]、[ɛʔ] 为入声韵韵母。

2. [ɿ] 舌尖前元音，舌尖较普通话略后。只同舌尖前擦音和舌尖前塞擦音拼合。如：紫 tsɿ353，此 tshɿ353，四 sɿ325，知 tsɿ35，迟 tshɿ31，柿 sɿ325。

3. [A] 舌面央低元音，调音部位较后，可构成独立音节、单独做韵母或前加韵头，如：阿 A35，巴 pA35，牙 iA31，瓦 uA353。

4. [i] 舌面前高不圆唇元音，可单独构成音节，发音时舌面离上腭更近，摩擦略重，如：椅 i353，一 i44；可单独作韵母，如：闭 pi325，鄙 phi353，眉 mi31，低 ti35；可构成复合元音，作韵头，构成 [i A]、[iæ]、[iai]、[iɛ]、[iau]、[iɛn]、[iəu]、[iɵ]、[iɑŋ]、[ioŋ] 等复合韵母，如：加 tɕi A35，别 piæ44，懈 tɕiai325，笛 tiɛ31，标 piau35，贬 piɛn353，扭 niəu353，略

niɵ44，娘 ȵiaŋ31，穷 tɕhioŋ31。作韵头时，通常接近标准音，在唇音后发音略开；可作韵腹［in］，如：冰 pin35，今 tɕin35；也可作韵尾，构成［ai］、［ei］、［uei］等复合元音，在作韵尾时舌位较低。如：拜 pai325，杯 pei35，尾 uei353。

5. ［ʊ］舌面后次高松元音。调音部位略前、偏低，唇形略扁，略松。如：甫 fʊ353，无 wʊ31，都 tʊ35。

6. ［ɛ］舌面前半低不圆唇元音，调音部位与标准元音舌位图所示相同。如：蜇 sɛ325，遮 tsɛ35，惹 zɛ353。

7. ［ɤ］舌面后半高不圆唇元音，调音部位较低。如：歌 kɤ35，科 khɤ35，课 khɤ325。

8. ［ɚ］舌面央中卷舌元音，调位部位与标准元音舌位图所示央中卷舌元音相同。单独构成音节为止摄日母字。如：儿 ɚ31，尔 ɚ353，二 ɚ325。

9. ［o］舌面后半高圆唇元音，调音部位较低。可独立构成音节，如：鹅 o31，饿 o325；也可单独做韵母，如：贺 xo325，乐 no44，左 tso353，驮 tho31。

10. ［en］主元音比标准元音 e 略后，n 尾稳定，如：奔 pen35，喷 fen325，门 men31。

11. ［iu］介音 i 较标准元音 i 略开，主元音 u 较标准元音 u 略低，唇略展。单独构成音节。如：迂 iu35，鱼 iu31，屿 iu353，遇 iu325。

12. ［iɛn］、［an］、［uan］、［yɛn］在实际发音中，鼻音韵尾较弱。其中［iɛn］、［yɛn］介音/i/、/y/拉动两韵主元音高化，调音部位较高较前。如：烟 iɛn 35，安 an 35，晚 uan 353，院 yɛn 325。

13. ［ɑŋ］、［oŋ］主元音较低，鼻音较重。如：帮 pɑŋ35，忙 mɑŋ31；朋 phoŋ31，否 foŋ353

14. ［iɵ、yæ、uæ］主要为入声韵母。如：岳 iɵ44，雀 tɕhiɵ33，脚 tɕiɵ33，俗 ɕiɵ33；越 yæ44，绝 tɕyæ44，缺 tɕhyæ44，薛 ɕyæ44；括 khuæ44，郭 kuæ44，或 xuæ44。

15. ［æʔ］、［ɛʔ］、［ɤʔ］韵母，尾部带喉塞音，韵字都是古入声字。如：北 pæʔ 44，墨 mæʔ 44,；食 sɛʔ 44，尺 tshɛʔ 44；鸽 kɤʔ 44，恶 ŋɤʔ 44.

（三）伏虎话声调系统

调类	调值	例　　字
阴平	35	波夫都租猪抓招身巾昏温须/玻他搓超抄枢坤/ 喝摸巫
阳平	31	婆扶驮才柴茶神时勤/魔无挪罗词人银魂云匀
上声	353	把普府抚堵土祖且洗肘丑阻楚所煮处暑举苦虎矮/马武努鲁汝五矣以 /鲁乳雅野满吻缓屡
去声	325	布付戴再置振更嗅要/步附代载寺治顺竟候/部肚父在序痔士盾社圈限
入声	44	百滴绩着捉脚约/白笛寂掷镯掘核/麦六弱虐药越

伏虎方言声调说明：

1. 阴平：35，升调，高而长。

2. 阳平：31，中降调，短。

3. 上声：353，升降调，凸调，升降段等长，调长短。

4. 去声：325，降升调，凹调，升段长，调时长。

5. 入声：44，中平调，短促。

（四）伏虎话声韵配合表

声母 韵母	p	ph	m	f	t	th	n	ts	tsh	s	z
ɿ								紫	刺	四	
i	闭	痹	米		底	涕	例				
ʊ	补	普	母	夫	肚	土	奴	组	醋	苏	儒
A	巴	怕	麻	发	搭	他	哪	杂	擦	洒	
ɛ								者	扯	蛇	惹
ɚ											
o	波	婆	魔	复	多	椭	罗	左	错	梭	弱
ɤ											
iu											
iæ	别	撇	灭		跌	铁	猎				
iA											
uæ											
uA								啄		耍	
yæ											
iɛ					笛						
iɵ							略				
yɛ											
ai	拜	排	买		带	苔	乃	灾	采	晒	

韵母＼声母	p	ph	m	f	t	th	n	ts	tsh	s	z
ei	背	批	梅	废							
au	保	泡	毛		刀	讨	恼	遭	草	缲	扰
əu					都	透	搂	走	凑		柔
iai											
iau	表	飘	苗		刁	跳	辽				
iəu			谬		丢		留				
uai								拽	揣	衰	
uei					堆	退	内	最	催	虽	蕊
an	班	盼	慢	反	丹	贪	男	赞	餐	三	染
en	奔	盆	门	喷	顿	吞	能	增	寸	孙	人
ɑŋ	帮	旁	忙	方	当	堂	囊	脏	仓	桑	让
oŋ	崩	碰	梦	风	东	桶	农	宗	从	送	戎
iɛn	边	篇	面		点	天	镰				
in	宾	品	民		定	听	宁				
iɑŋ							良				
ioŋ											
uan					端	团	暖	转	穿	酸	软
uən								准	春	唇	闰
uɑŋ								庄	床	双	

声母 / 韵母	p	ph	m	f	t	th	n	ts	tsh	s	z
yɛn											
yn											
æʔ	北	迫	墨		德	特	肋	则	彻	塞	热
ɛʔ	帛							值	吃	实	日
ɤʔ											

声母 / 韵母	w	tɕ	tɕh	ɕ	ȵ	k	kh	ŋ	x	ø
ʅ										
i		姐	妻	些	你					艺
ʊ	戊	聚	趋	须	女	蜗	蹲			
A						尬			呵	
ɛ										
ɚ										耳
o			屈			果	棵	我	火	鹅
ɤ						哥	科			
iu										鱼
iæ		接	怯	歇	匿					业
ɪA		家	掐	虾						牙

声母 韵母	w	tɕ	tɕh	ɕ	ȵ	k	kh	ŋ	x	ø
uæ						国	括		或	物
uA						瓜	夸		花	瓦
yæ		蕨	缺	屑						月
iɛ		蝎	妾	恤	聂					
iɵ		爵	雀	速						乐
yɛ				靴						曰
ai						该	概	碍	害	
ei						给				
au						高	烤	熬	好	
əu									吼	
iai		械		谐						
iau		焦	俏	消	鸟					腰
iəu		酒	秋	修	牛	勾	口	偶		优
uai						乖	块		怀	外
uei						圭	愧		恢	微
an						甘	看	岸	喊	
en						根	恳	硬	恨	
ɑŋ						刚	扛	昂	杭	
oŋ						公	空		虹	翁
iɛn		间	钱	鲜	念					言

声母 韵母	w	tɕ	tɕh	ɕ	ȵ	k	kh	ŋ	x	ø
in		今	亲	寻	吝					音
iaŋ		将	抢	相	娘					央
ioŋ			穷	兄						用
uan						关	款		欢	晚
uən						滚	坤		昏	文
uaŋ						光	况		荒	王
yɛn		卷	全	宣						元
yn		晋	倾	讯						云
æʔ						格	刻	额	黑	
ɛʔ								捏	骇	
ɤʔ						鸽	搁	讹	合	

四、分析与结论

伏虎镇位于距离南部县城较偏远的西南地区，其本地乡村土语保留着与城区不同的特点。由于现代社会交通信息等各方面的发展，伏虎的年轻人自觉或不自觉地模仿县城“官话”，使得伏虎地方语音具有很明显的两极分化，以60岁左右为界特别突出。60岁以上的老年人仍然说伏虎地方语音，60岁以下大多语音趋向于与南部县城保持一致。

老伏虎话有 5 个声调，入声自成调类。并且有－æʔ、－ɤʔ、－εʔ、－iɵ 等入声韵母，有麻三精见组读－i、泥来母字洪混细分等语音特征。伏虎话的声调、声母和韵母特点，都符合四川南路话特征，是典型的“南路话”。[2]

参考文献：

[1] 中国社会科学院语言研究所. 方言调查字表 [M]. 北京：商务印书馆，1981.

[2] 周及徐. 南路话和湖广话的语音特点—兼论四川两大方言的历史关系 [J]. 语言研究，2012 (3).

（四川师范大学文学院 四川 成都 610068）

Phonetic System of Fuhu Town's Speech in Nanbu County，Sichuan

Liang Hao

(College of Liberal Arts，Sichuan Normal University，Chengdu，Sichuan 610068)

Abstract：Based on the phonetic material collected through field investigation，this essay describes the phonetic system of the Fuhu dialect——a branch of modern Sichuan dialect——and concludes the characteristics of its initial consonants，vowels and tones of the speech，and shows the laws of their incorporation. .

Keywords：Sichuan dialect；Fuhu Speech；phonetic system

魏晋核心词"肝"及相关问题[①]

龙　丹[②]

摘　要　"肝"在汉语史中是一个比较稳定的身体词，其变化主要集中在组合搭配能力、词义引申等方面。"肝"的词义引申机制具有类型学的意义。"肝"与"血、角、尾、心、舌、耳"等身体词一直都是比较稳定的，主要与这些词的语义特征有关。

关键词　肝；词义引申；历时演变

肝，高等动物消化器官之一。《切韵》："肝，木藏。"中古是

① ［基金项目］国家社科基金西部项目"唐五代《切韵》系韵书研究"（09XYY013）；湖南省哲学社会科学基金项目"魏晋核心词概念义场研究"（11YBB383）；中南大学人文社科基金项目"魏晋核心词研究"。

② ［作者简介］龙丹（1980—），湖南湘潭人，文学博士，中南大学文学院讲师，主要从事汉语词汇史、比较语言学研究。

汉语词汇的重要转折期，我们选取了魏晋时期[1]的一些代表文献，对“肝”在本时期的使用情况进行了细致的考察，并对“肝”的引申义和本语义场稳定的原因进行了探讨。

一、魏晋“肝”语义场的使用情况

魏晋“肝”语义场仅有“肝”1个成员，所考察的魏晋文献中“肝”表“内脏”义有65例（如表1），其他均用为引申义“内心”或代指身体、生命。

表1　魏晋文献中“肝”的使用情况

词条 \ 文献	三国志	华阳国志	法显传	抱朴子（内）	搜神记	肘后备急方	郭璞注文	佛经文献	总计
肝	2	2	0	3	4	27	0	27	65

这65例中，“肝”既可单用，又可与名词、动词、形容词甚至代词组合。其中，“肝”和动物名词的组合较突出，组合形式有“羊肝、羊子肝、猪肝、鼍肝、獭肝、虾蟆肝、乌鸡肝、鸡肝、马肝、鲈鱼肝、猕猴肝”，这与动物肝脏多用作食物和药材有密切关系，《肘后备急方》和佛经文献中用例最多。而先秦文献中“肝”和动物名词的组合仅有“狗肝、鸡肝、鼠肝”等形

① 本文考察的魏晋文献主要有：《三国志》（包括注文所征引的魏晋典籍）、《华阳国志》、《法显传》、《抱朴子内篇》、《搜神记》、《肘后备急方》、《尔雅》及《方言》两书的郭璞注文；汉译佛经为《菩萨本缘经》、《大明度经》、《六度集经》、《生经》、《普曜经》、《中阿含经》、《长阿含经》、《出曜经》，均出自《大正新修大藏经》。

式，用例如：

(1) 肝膋：取狗肝一，幪之，以其膋濡炙之，举燋，其膋不蓼。(《礼记·内则》)

(2) 鸡肝，雁肾，鸨奥，鹿胃。(《礼记·内则》)

可见，从历时的角度来说，魏晋时期“肝”和动物名词的搭配得到了进一步的发展，这是与人们的生活水平的提高及医学的发展息息相关的。魏晋文献中的用例如：

(3) 乃买羊肝，于前切之。(《搜神记》卷十八，424 条)

(4) 取黄连末一大两，白羊子肝一具，去膜。(《肘后备急方》卷六，“治目赤痛暗昧刺诸病方第四十三”)

(5) 取猪肝炙热，纳阴中，当有虫着肝。(《肘后备急方》卷五，“治卒阴肿痛颓卵方第四十二”)

(6) 又方，鼍肝一具。(《肘后备急方》卷一，“治卒中五尸方第六”)

(7) 取虾蟆肝，以敷上，立出。(《肘后备急方》卷七，“治蛇疮败蛇骨刺人入口绕身诸方第五十七”)

(8) 病变无常方，取铁精捣之，细筛，又别捣，乌鸡肝以和之。(《肘后备急方》卷七，“治中蛊毒方第六十三”)

(9) 食马肝中毒。(《肘后备急方》卷七，“治食中诸毒方第六十九”)

(10) 食鲈鱼肝，及鱼中毒。(《肘后备急方》卷七，“治食中诸毒方第六十九”)

(11) 鳖妻有疾，思食猕猴肝。(《六度集经》卷四，T03/p0019c)

此外，先秦时期还有以“(人) 肝”为食物的用法，《庄子·

盗跖》："盗跖乃方休卒徒大山之阳，脍人肝而餔之。"《淮南子·览冥训》亦有用例，如"所谓兼国有地者，伏尸数十万，破车以千百数，伤弓弩矛戟矢石之创者扶举於路，故世至于枕人头，食人肉，菹人肝，饮人血，甘之于刍豢。"所言为春秋战国之事。魏晋时期仍有个别用例，《华阳国志·后贤志》："乃往攻宕渠，斩脱，食其肝，巴西贼破，复诣尚求军。"后代"（人）肝"用作食物的例子在逐渐减少，这说明古人正逐步由野蛮走向文明。

魏晋时期，"（人）肝"主要出现在疾病、战争、列举人体器官等语境中。如：

（12）又方，治肝虚转筋。（《肘后备急方》卷二，"治卒霍乱诸急方第十二"）

（13）吴人生割其腹。允割其肝，骂曰："虏腹。"（《华阳国志》，卷四）

（14）谓发、毛、爪、齿、粗细皮肤、肌肉、筋、骨、心、肾、肝、肺、脾、肠、胃、粪。（《中阿含经》卷七，T01/p0464c）

另外，"肝"还与人称代词直接搭配，有"吾肝、尔肝"等结构，仅出现在口语性较强的佛经文献中，所考察的先秦两汉文献中均未见此用法，这也从一个侧面说明魏晋时期"肝"的组合搭配能力得到了进一步加强。

（15）卿何以故，不早相语。吾肝挂树不赍持来。（《生经》卷一，T03/p0076c）

（16）鳖曰："吾妻思食尔肝。"（《六度集经》卷四，T03/p0019c）

魏晋时期"肝"语义场与先秦、西汉"肝"语义场的使用情况基本相同，语义场的构成成员都只有“肝”。不同之处在于使用的语境的细微差别，如先秦“肝”有很多用于祭祀场合，《仪礼》和《礼记》中就有大量用例，如《礼记·明堂位》：“有虞氏祭首，夏后氏祭心，殷祭肝，周祭肺。”《仪礼·士虞礼》：“祝取肝擩盐，振祭哜之，加于俎，卒爵，拜。”另外，“肝”及其组合形式表引申义“内心”的用法在先秦未见，西汉时才出现相关用例，《史记·淮阴侯列传》：“臣愿披腹心，输肝胆，效愚计，恐足下不能用也。”

从历时的角度来说，“肝”语义场一直以来都是比较稳定的，除了“肝”之外，像“血、角、尾、心、舌、耳”等词从先秦到现代也是变化很少的。究其原因，主要与这些词的特征有关，这些特征直接影响人们对这些身体部位词的关注程度。我们选取了“心、耳、肝、头”这四个词进行了语义特征和语义变化的分析，可以清晰地看到这些词语义特征和语义变化之间的关系，如下表。

表 2　“肉、耳、肝、头”语义特征和语义变化的关系

	外部	内部	活动能力强	活动能力弱	被替换	语义变化
心	－	＋	－	＋	－	－
耳	＋	－	－	＋	－	－
肝	－	＋	－	＋	－	－
头	＋	－	＋	－	＋	－

从上表我们可以看出，一般而言，外部的或者活动能力强的身体部位，其相关名词更容易引起人们的关注，在历时演变中被

替换或语义转变的可能性较大，如“头”语义场，首先是“首”替代“元”，然后又经历了“头”对“首”的替换。其他如“眼、脚”等词也是属于这种类型。相反，内部的或者活动能力比较差的身体部位，人们对这类名词的关注度则较低，在历时演变中被替换或语义发生明显转变的可能性较小，如“肝”就一直比较稳定，其他如“心、舌”等也是属于这一类。

二、“肝”的引申义及类型学意义

在考察魏晋语料的过程中，我们还发现了大量“肝”表达引申义“内心”的词语，它们或是由“肝”单独表达，或是由组合形式共同表“内心”义，如“心肝、肝心、肝脾、肝胆、肝膈（鬲）、胸肝、肝肠、雕肝、肝怀”。各举一例：

（1）追寻酷恨，悲惋深至，痛切心肝，当奈何奈何！（王羲之《所欲论事今付》，《全晋文》卷二十三）

（2）臣等备位，不能匡救祸乱，式遏奸逆，奉令震悚，肝心悼栗。（《三国志·魏志·三少帝纪》）

（3）恩爱从此别，断肠伤肝脾。（《搜神记》卷十六，397条）按：肝脾，比喻内心。

（4）魏王上书曰：“奉今月壬戌玺书，重被圣命，伏听册告，肝胆战悸，不知所措。”（《三国志·魏志·文帝纪》）按：肝胆另有比喻“关系密切”的用法，卢谌《赠刘琨诗》：“爱造异论，肝胆楚越。”该用法源自先秦，《庄子》：“仲尼曰：‘自其异者视之，肝胆楚越也；自其同者视之，万物皆一也。’”

（5）孤此言皆肝鬲之要也。（《三国志·魏志·武帝纪》）按：

肝鬲，犹肺腑，比喻内心。

（6）虽时献一策，偶进一言，释彼官责，慰此素飧，固未能输竭忠款，尽沥胸肝，排方入直，惠彼黎元，俾吾徒草鄙并有闻焉也。（《三国志·蜀志·郄正传》）

（7）陇头流水，鸣声幽咽。遥望秦川，肝肠断绝。（（杂歌谣辞）《陇头歌》，《晋诗》卷十八）

（8）微臣所以叩心绝气，忘寝与食，雕肝焦虑，不遑宁息者也。（李暠《自称凉公领秦凉二州牧奉表诣阙》，《全晋文》卷一百五十五）按：雕肝，比喻苦心思考。

（9）存想其人，痛切肝怀，奈何奈何！（陆云《与杨彦明书》，《全晋文》卷一百三）按：肝怀，犹内心。

这些词语仅用于人，多出现在《三国志》、《魏诗》、《晋诗》、《全三国文》、《全晋文》等文学性较强的语料中，与口语性较强的《肘后备急方》、《搜神记》和佛经文献中的使用情况形成鲜明的对比。两类文献中“肝”的总用例和“肝”引申义的使用比例如下表：

表3 魏晋文献中“肝”的总用例和其引申义的使用比较

文献	三国志	魏诗	晋诗	全三国文	全晋文	搜神记	佛经	肘后备急方
比例	15∶10	6∶6	12∶10	15∶10	31∶22	4∶1	27∶0	27∶0

注：使用比例前面的数字为总用例数，后面的数字是用为引申义“内心”的数量。

这种分布差异主要取决于语料的性质不同，在口语性较强的《搜神记》和佛经文献中，“肝”一般用为本义，引申义“内心”

多用“心”来表达。当然，《肘后备急方》的情况有一定的偶然性，此书为医书，“肝”表“内脏”义自然多于“内心”义，我们视为特殊情况不列入讨论。在文学性较强的魏晋诗文中，“肝”引申义“内心”的用例则比较多。可见，不同性质的语料中，表达同一个概念时在词语的选择上也是有区别的。表达引申义“内心”，在日常口语中人们更习惯用“心”这个词，而在文学性作品中则呈现出以“心”为主、“肝”为辅的局面。

另外，在词义引申方面，胸腔、腹腔有关的器官名词大多都能表达“内心”义，如“胸怀、腹诽、肝肠寸断、肺腑之言、肚里明白、心口如一”。这又是什么原因造成的呢？我们可以从主客观两方面的因素去讨论。主观方面，这是受一定时期“以心脏为中心的内脏是思维器官”的社会认识影响而产生。在古代，人们一直认为“心”是思维的器官，直到西方近代科学证明大脑是思维的器官，人们才逐渐改变了这一看法。认知上的偏误导致“心”产生一系列和思维、情感有关的引申义，“内心”义即在其中。受“心之官则思”观点的影响，同属于内脏器官系统的肠、肝、胆、肺、脾以至腹、胸、肚子等也被人们认为是“人们性格和心理活动的支配物。”[3]42这种特定时期的社会认识引起系统性的意义变化，导致很多内脏器官词都引申出“内心”义。其次，内脏器官之间关系密切也是引起内脏器官名词在词义引申方面产生一系列变化的客观条件。

此外，这种由胸腹腔器官名词引申出“内心”义的词义引申现象，不仅仅存在于汉语，其他语言也有类似的情况，其词义引申机制具有类型学上的意义。黄树先师（2012）有相关讨论，我们把相关语料进行了综合并补充了一些语料，日语和韩语可能存在借词的情况，仅作参考。

英语：bosom“胸，衣服的胸部；内心，胸怀”。

德语：Herz“心，心脏；心灵，心肠，心情；心肝，宝贝”。

Busen“妇女的胸脯；胸怀，心胸”。

法语：entrailles“内脏，肠，［引］腹；肺腑，心肠”。

sein“胸部；心，心怀”。

印尼语：hati“肝，肝脏；心，心脏；内心，心肠；心情”；

jantung“心，心脏。”

jantung hati“心肝；情人，爱人，［口］亲爱的”。

西班牙语：entraña“脏腑；（复数）［转］心地，心肠，心肝”；

pecho“胸，胸膛；心胸，胸怀”。

塞尔维亚克罗地亚语：sřce“心；心肝宝贝”。

韩语：배“肚子，腹部，中腹；胎；心思，想法”。

日语：ハート“心，心脏”；“心情，爱情”。

こころ【心】“心，心胸，精神，感情”；“心情”；“关怀，人情”。

しん【心】“心，精神”；“心脏”；“中心，核心，内部”。

しんかん【心肝】“心和肝”；“〈文〉内心，心里”。

しんぷく【心腹】“心腹，身体内部（器官），〈转〉心腹之患”；“想法”。

むね【胸】“胸”；“心中，心（胃、肺）”“内心（感情、性格、想法）”。

きも【肝】“肝脏”；“胆量”；“心”。

はら【腹】“腹，肚子”；“心中，内心”；“度量，胸怀”。

从以上语料可以看出，人类语言中普遍存在由胸腹腔器官名词引申出“内心”意义的现象，这也表明，人类在认识世界的过程中存在一些共同的思维方式，这是人类思维的共性，不受地域、民族、文化背景的制约。

参考文献：

［1］ M·Swadesh. 一百词的修订表［J］. 喻真译. 音韵学研究通讯，1990（14）.

［2］白保罗. Sino－Tibetan：A Conspectus，Cambridge University Press，1972；乐赛月、罗美珍译，汉藏语言概论［M］. 北京：中国社会科学院民族研究所，1984.

［3］龚群虎. 人体器官名词普遍性的意义变化及相关问题［J］. 语文研究，1994（4）.

［4］黄树先. 比较词义探索［M］. 成都：巴蜀书社，2012.

［5］陆谷孙主编. 英汉大词典（2 版）［M］. 上海：上海译文出版社，2010.

［6］张才尧，高年生，张载扬，王昭仁，宋钟璜. 新编德汉词典［M］. 北京：外语教学与研究出版社，2004.

［7］《法汉词典》编写组. 法汉词典［M］. 上海：上海译文出版社，1979.

［8］北京大学东方语言文学系印度尼西亚语言文学教研室. 新印度尼西亚汉语词典［M］. 北京：商务印书馆，1997.

［9］北京外国语学院西班牙语系《新西汉词典》组编. 新西汉词典［M］. 北京：商务印书馆，2008.

[10] 萧鼎章，郝长福，徐士芳. 塞尔维亚克罗地亚语汉语词典［M］. 北京：商务印书馆，1997.

[11] 刘沛霖主编. 韩汉大词典［M］. 北京：商务印书馆，2004.

[12] 黄幸，尹福祥，尹学义. 当代日汉汉日大辞典［M］. 北京：北京大学出版社，2008.

（中南大学文学院，湖南长沙，410083）

Kernel Word of "Liver" in Wei—Jin（魏晋）and Related Issues

Long Dan

(The School of Literature of the Central South University, Changsha, Hunan, 410083)

Abstract: "*Liver* (*Gan*)" is a stable body word in Chinese history. The changes are mainly concentrated on its ability of word — composition and meaning extension. The semantic extension mechanism of the word "*Liver* (*肝*)" is of the typological significance. The body words such as "*Gan* (*liver*), *Xue* (*blood*), *Jiao* (*horn*), *Wei* (*tail*), *Xin* (*heart*), *She* (*tongue*), *Er* (*ear*) " are relatively stable, primarily because of their semantic features.

Key words: Liver; meaning extended; historical evolvement

从起点介词看南北官话的对立①

翟　赟②

摘　要　南北官话作为不同的系统，二者在语法和词汇上应该有一些对立的特征。我们通过对南北官话文献中表示起点介词“起、解、打、由、从”的分析，认为介词“起、解”在南北官话的使用中存在地域差异，“起、解”具有北方官话（广义上）性质，可以看作北方官话的一个“特征词”。

---

①　本文写作得到以下项目资助：北京市哲学社会科学规划青年项目《大规模语料库支持下的北京话词汇系统断代构拟与历时演变研究》（11cyy042）；北京市哲学社会科学规划重点项目《晚清民国时期的北京话系统及探源研究》（11WYA001）；教育部重点基地重大项目《清末民初北京话系统研究》（11JJD740006）；国家社科基金青年项目《基于大规模语料的北京话语法系统历时演变研究》（11wyc027）；北京大学2013年度才斋奖学金资助项目《从语法和词汇的角度看南北官话的对立》（CZ201302）。

②　翟赟（1979—），内蒙古集宁人，北京大学中文系博士生，研究方向为现代汉语语法。

关键词 起点介词；南北官话；特征词

一、引 言

“官话”一词出现在明代，官话分为南北二系，明朝定都南京，以南京音为基础音系确立标准语，这便是近代的南京官话。南京官话通行于整个明朝，到清代中后期，北京官话逐渐取代南京官话成为标准语。直到现在，“官话”这个名称仍然在使用，但其所指发生了变化，它是汉语北方方言的统称，还可以分为“东北官话”“西南官话”等。对于明清时期官话的性质问题，很多学者从上个世纪80年代就运用不同的资料，从不同的角度进行了讨论，主要集中在语音方面，时至今日，各家说法不一，仍无定论。

南北官话作为不同的系统，二者在语法和词汇上应该存在一些对立的特征。如果能够找到一些明显的对立特征，那么就可以以此作为参项对这一时期的语法现象以及作品进行研究，这种思想有学者很早之前就采用。江蓝生（1987）用十个“鉴定词”（包括语法方面的六个，1、疑问副词“还”；2、测度疑问副词“莫”；3、概数助词“以来”、“来”；4、助动词“要”；5、人称代词“你”、“某”；6、“儿”、“儿家”）给八卷本《搜神记》断代。吕叔湘（1985）在研究早期官话的复数词尾“每”和“们”时，注意到近代汉语的复数词尾大致北方的作品用“每”（或写作“弭”等），南方的作品用“们”（或写作“门”、“懑”等），元代以后北方系官话也不说“每”而说“们”。太田辰夫（1988/1991）把北京话语法的特点概括为：1、第一人称代名词的包括式（inclusuve）和排出式（exclusive）用“咱们”“我们”区别，不用“俺”“咱”等；2、有介词“给”；3、用助词“来着”；4、不用助词“哩”而用“呢”；5、有禁止副词“别”；6、程度副词“很”用于状语；7、“～多了”置于形容词之后，表示“…得多”、“…得远”的意思。

本文所讨论的南北官话是指明清时期的南北官话，不是现在所讲的相对于南方方言的北方官话，关于南京官话与北京官话之间大致的时间界限，我们接受张卫东（1998）的观点，认为北京话取代南京话、获得官话标准音地位的时间在1850年前后。本文在此基础上对明清时期南北官话中表示起点的介词“起”“解”“打”“从”“由”“自”进行考察，通过这些介词在明清时期南北官话文献中的使用情况的比较，试图找出这些介词在地域上的差异，以此作为区分南北官话的一个“特征词”。

本文所用材料均来自“清末民初北京话系统研究”课题组，主要使用的材料有：《白姓官话》（1750）是清代难民白瑞临乾隆十四年编写而成的，清代琉球人学习汉语的一部高级课本；《人中画》是清代琉球官话系列课本，有很多不同的版本，我们采用的是1985年台湾政治大学古典小说研究中心主编，天一出版社印行的版本；《官话指南》（1881）是日本驻清朝公使馆吴启太、郑永邦合编的，是日本最早的北京官话读本之一；《小额》（1907）是蔡友梅存世最早的作品，载于《进化报》；《春阿氏》是冷佛的作品，讲述清末发生在京城的一起冤案，于宣统三年（1911）出版，后吉林文史出版社1987年重新出版。

此外还有一些其他的材料：《语言自迩集》（1886）是英国驻北京公使威妥玛编写的一部供西方人士学习北京官话的教材；

《北京官话谈论新篇》(1898) 是汉人金国璞在日期间与平岩道知合编的一部会话型教材;《中国语学资料丛刊》是由波多野太郎编辑、不二出版社出版的早期北京话语料;《华语跬步》(1890) 是由日本陆军参谋本部选派的御幡雅文编写的北京官话教材。文中所引例句除特别标明的,均出自《官话指南》《小额》《春阿氏》。

二、起点介词的使用情况

起点可以是指时间起点,也可以指处所起点。周一民(2002) 指出北京方言中起点介词比较丰富,单音节的有"由、打、从、且(有两个变体'起'和'解')","由、打、从、且"相互结合还可以构成双音节的"由打、由从、由且、打由、打从、从由、且有、且打",其用法与单音节的基本没有区别。介词"由、打、从、且"除了表示"起点"义外,还可以表示"经由"义,这里我们主要考察单音节介词"由、打、从、且"的起点义,暂不考虑"经由"义。

1. 介词"起"

"起"的介词用法中古时就有,胡敕瑞(2004) 借助"起"与"因""以"等对译的例证,证明了"起"表"因为""由于"的用法。汪维辉(2004) 根据《齐民要术》中的"起手"表"起头、开始",说明了"起"有时间起点的用法。表示时间起点时,后面可以是时间名词、代词,也可以是一个事件。

(1) 我起去年就听见说他要被参,我还不很信,如今果然真被参了。

（2）就起定更天耍起，直耍到天快亮了。

（3）人家和你又没仇，作甚么拿毒药害你呢？你说这话，实在是不说理。起那么他连那个朋友也恼了。

（4）“在江西那几年，事情倒很好，就起到了苏州之后，事情就所不顺了。”

（5）我就起那年告病回来，到如今旧病还是时常的犯。

（6）那个人起那么一气，可就回家去了。

“起”也可以表示处所的起点，这一用法是清代开始。

（7）他都是自己起广东置来的货 。

（8）老弟是起家里来么？

2. 介词“解”

“解”也可以介引时间和处所的起点。

（9）我打算今天就赶紧的挪过去，为得是到那儿给房钱的时候，解月头儿起好算。

（10）可以，那么叫他解多咱来伺候您哪？

（11）兄台，您这是解铺子来么？

（12）“你这是解江西回来么？”“不是，我是起江苏回来。”

3. 介词“由”

“由”可以介引时间、处所、官职、地位的起点。

（13）“老兄太谦了。请问老兄，是由几时丁的忧？”“是由今年春间。”

（14）请问大人，是几时由贵国动的身？”

（15）因为有这本地一个商人，名叫刘云发，由福州雇定了敝国一只夹板船。

（16）“先父是由翰林转御史，后来升给事中，然后京察一等，简放广东督粮道。

(17)“我们这位老父台，是由甚么出身?”“他是由举人国史馆议叙。

(18)“他现时没在敝国，他自从由贵国回去之后，就奉命到英国去了。”

4. 介词“打”

“打”是近代汉语中新出现的一个介词，关于介词“打”的由来，说法不一。太田辰夫（1987）、香坂顺一（1992）认为是从表“经由”义的“道”演变来的，刘坚、江蓝生（1992）认为是从表“扑打”、“冲撞”义的“打”虚化来的。介词“打”一般认为始见于唐代文献，宋元时大量使用的。吕叔湘（1999）指出，“打”具有北方方言色彩，普通话里一般用“从”。

介引处所起点，如：

(19) 顶好是打那竹径，转过湾儿去，在那块大石头上坐着，听那水声儿真叫人万虑皆空。(《官话指南》)

(20) 明日，孟沂有意打那边经过，只见美人与丫环仍立在门首。(《人中画》)

介引时间起点，见于清代，如：

(21) 小额说：“冷的倒好点儿。打昨儿晚上，脊梁上有点儿痒痒，眼时不但痒痒，觉乎着疼的厉害。”

5. 介词“自”

介词“自”可以介引时间的起点，如：

(22) 小额自得病以来，恶心、发冷、饮食不香，昼轻夜重。

(23) 他们不和美。自过门以后，时常打闹。

(24) 傅氏哭诉道：“父亲自遭万衙毒手，逃往他乡，杳无音

信，不知生死。”（《人中画》）

周一民（2002）指出现代汉语书面语里常用的介词“自”，北京方言不说，原因是北京话里有一个阳平的“自”是表示条件的连词，相当于书面语的“只要”。可是北京方言里有复合词“自从”和“自打”，它们只表示时间的起点。

三、起始点介词在南北官话中的差异

我们选取《白姓官话》（1750）、《人中画》（18 世纪中叶）、《官话指南》（1881）、《小额》（1906）、《春阿氏》（1987 校释本）五部作品就表示起点的介词进行分析统计，其中琉球课本《白姓官话》、《人中画》，濑户口律子、李炜（2004）已经证明是南方官话教材，日本汉语教材《官话指南》、蔡友梅的作品《小额》、和冷佛的作品《春阿氏》都是以北京官话写作的。根据起始点介词“起、解、打、由、从、自”等在南北官话文献中出现的次数，我们列表如下：

	起	解	打	由	从	自	自打	起打	打从	自从
白姓官话	0	0	0	0	7	1	0	0	0	1
人中画	0	0	1	1	12	16	0	0	3	4
官话指南	30	10	4	22	2	1	0	0	0	2
小额	22	0	2	3	1	1	5	2	0	3
春阿氏	1	0	2	8	24	75	0	0	0	17

就上表南北官话材料统计的结果来看，《白姓官话》、《人中画》中都没有表起始点的介词“起”“解”，《官话指南》中“起”“解”都有，《小额》《春阿氏》中有“起”。我们认为“起”“解”是具有北方官话性质的特征词，“由”“从”是南北官话通用的，但是南方官话更倾向于“从”。赵元任（1982）“由”口语里少用，当“从”讲时是文言。下面我们从方言和域外汉语教材来进行分析。

1. 从方言来看“起”“解”的地域差异

陈刚（1985）指出北京方言中有“起”“解”。周一民（2002）指出北京方言中的单音节起点介词有“由、打、从、且”，“且”风格上更土一些，它有两个变体“起”和“解”。尹世超（1997）东北方言中的“搁（kɤ）”是起始点介词。聂志平（2005）认为东北方言中“解”同“$kɤ^{213}$”“kar^{213}”，老一代口中还说，一般人已经不说了。对于“解”“起”“且”的由来，看法也不一致。赵元任（1982：丁邦新译）认为“解”和“起”混合起来就成了“且”；陈刚（1985）把“且”书写为“起”，注音为“qiě”。周一民（2002）认为“解”从语音上看与东北方言的介词“搁”有对应关系。这也就说明“起”“解”至少在东北方言和北京方言中是存在的。

《面对生活的微笑》（2012）是一部用北京话写作的小说，作者言也（刘一之）在“自序”中指出写作的初衷是为语言学者提供北京话资料。我们在这部作品中也找了“起”“解”“且”的用例，如：

（25）街道上开了公审大会，古老师被判处死刑，解会场直接拉去枪毙了。（《面对生活的微笑》刘一之）

（26）慧然小时候儿，她爸爸最疼她，是捧的手心儿里长大

的，解小儿长这们大，旁人没碰过她一指头。（同上）

(27) 他这们一卧冰，感动了神仙，就让鲤鱼己个儿且冰窟窿里跳出来了。（同上）

陈刚（1985）中指出北京方言中起点介词还有“接”。“接”和“解”是否是同音替代，我们现在还不清楚，但是在赤峰话（东北官话）和集宁话（晋语）中也有“接”表起点的用法，如：

(28) 接这儿走近，你要接那儿走啦。

(29) 你接哪儿来的，走了这么长时间？

另外，我们在《语言自迩集》中也发现“接”的1个用例，如：

(30) 接这儿到京还有多远呢？　（问答章之八）

中原官话的微山方言（山东）和赣榆方言（江苏）也有起点介词“起”。殷相印（2008）指出微山南片方言点多用“起”，北片多用“打”。苏晓青、万连中（2011）指出赣榆方言中有起点介词“起 khi$^{324/24}$、从 ʦhuŋ^{55}、自 ʦɿ^{51}、打 ta^{324}、自从 ʦɿ$^{51/31}$ ʦhuŋ^{55}、自打 ʦɿ$^{51/31}$ ta$^{324/24}$、起打 khi$^{324/24}$ ta$^{324/24}$”。

2. 从《官话指南》不同版本的比较来看“起”“解”的地域差异

据张美兰（2011），《官话指南》有北京官话版（1881）和九江版（1893），九江版是北京官话版的一个改写本，文中遇到南北官话词汇或句式有大异之处，则并行小字标出，其中右边小行是原版文字，代表北京口语的北方话，左边小行是添加的文字，代表南方话。北京官话版《官话指南》中有47例“起”，有33例在九江版（有3例“起”）中改为“从”，2例改为“由”；北京官话版中有11例“解”，九江版中有8例改为“从”，3例改为“由”；北京官话版中有 7 例“打”，九江版中有 6 例改为“从”，1 例改为“把”。如：

（31）我起/从江苏来。　明儿个就起/由你手里给他们就是了。

（32）老弟是解/从家里来么？　兄台，您这是解/由铺子来么？

（33）就省得小的打/从外头往京里带钱。　打这儿/从今后我也算是老手了。

为了能够直观显示两个版本的差异，我们用下面的表格来说明：

北京版	起 47					解 11		打 7	
九江版	从 33	在 8	起 3	由 2	往 1	从 8	由 3	打 6	把 1

3. 从其他域外汉语教材来看“起”“解”的地域差异

我们在日本汉语教材中也发现了一些“起”“解”的用例，其中《北京官话谈论新篇》（1910）1 例、《中国语学资料丛书》中 10 例、《华语跬步》中 2 例、《华言问答》（1903）中 46 例，这几部教材都是用北京官话写作的。

（34）我听说近来有三处被盗的，前几天解局上办下两股儿来，打城外头烟馆里，叫了一股。

（35）您解这儿上那儿啊？（《中国语学资料丛刊》第三卷·波多野太郎）

（36）听说现在中国设立商务局了，是解多咱才设立的？《华语跬步》

（37）赶小的起水坑子里爬出来，他们俩已经跑远了《华言问答》

朝鲜时代汉语会话书《骑着一匹》中也有相关用例：

(38) 请旁边闲人们，起打胡哩劝他们两头合糊着，上下更不言语。

(39) 起根各人打着发卖存货，倒等现银子皈人家的票，所以他们一去的时候，亲手并没有带连一分银子去，白在那里住些个日子。

四、小结

我们通过对介词“起、解、打、由、从”在《白姓官话》《人中画》《官话指南》《小额》《春阿氏》五部文献中出现情况的分析统计，并结合方言材料和域外汉语教材，认为介词“起、解、打、由、从”在南北官话中的使用中存在地域差异，表示起点的介词“起、解、打、由、从”中的“起、解”具有北方官话（广义上）性质，可以看作北方官话的一个“特征词”，“由、从”是南北官话通用的，但是从九江版《官话指南》来看南方官话更倾向于用“从”。

参考文献：

[1] 陈　刚. 北京方言词典 [M]. 商务印书馆，1985.

[2] 胡敕瑞. 略论汉文佛典异译在汉语词汇研究上的价值——以“小品般若”汉文异译为例 [J]. 古汉语研究，2004 (3)：80－85.

[3] 江蓝生. 八卷本〈搜神记〉语言的年代 [J]. 中国语文，1987 (4)：295－303.

[4] 濑户口律子，李炜. 琉球官话课本编写年代考证 [J]. 中国语文，

2004 (1): 77—84.

[5] 刘 坚，江蓝生等. 近代汉语虚词研究 [M]. 语文出版社，1992.

[6] 吕叔湘. 近代汉语指代词 [M]. 学林出版社，1985.

[7] 吕叔湘. 现代汉语八百词（增订本）[Z]. 商务印书馆，1999.

[8] 聂志平. 黑龙江方言词汇研究 [M]. 吉林人民出版社，2005.

[9] 苏晓青，万连中. 赣榆方言研究 [M]. 中华书局，2011.

[10] 太田辰夫. 汉语史通考（江蓝生，白维国译）[M]. 重庆：重庆出版社，1991.

[11] 太田辰夫. 中国语历史文法（蒋绍愚，徐朝华译）[M]. 北京：北京大学出版社，2003.

[12] 汪维辉. 试论〈齐民要术〉的语料价值 [J]，古汉语研究，2004 (4): 84—91.

[13] 香坂顺一. 水浒词汇研究（虚词部分） [M]. 文津出版社，1992.

[14] 尹世超. 哈尔滨方言词典 [M]. 江苏教育出版社，1997.

[15] 殷相印. 微山方言语法研究 [M]. 黑龙江人民出版社，2008.

[16] 赵元任. 中国话的文法（丁邦新译） [M]. 中文大学出版社，1982.

[17] 张美兰. 明清域外官话文献语言研究 [M]. 东北师范大学出版社，2011.

[18] 张卫东. 试论近代南方官话的形成及其地位 [J]. 深圳大学学报，1998 (3): 73—78.

[19] 周一民. 现代北京话研究 [M]. 北京师范大学出版社，2002.

（北京大学中文系，北京 100871）

Distinction Between Northern and Southern Mandarin
——Based on the Different Use of Start Point Prepositions

Zhai Yun

(Chinese Department, Peking University, Beijing 100871)

Abstract: There should be several distinctions between Northern and Southern mandarins, for they are totally two different language systems. Based on the analyses of the prepositions "Qi", "Jie", "Da", "You" and "Cong", which indicate the starting point of time or locality, we suggest that the prepositions "Qi" and "Jie" are used differently according to different geographical positions in the north and south. We view "Qi "and "Jie" as the characteristic words of Northern mandarin.

Key words: Starting point prepositions; Northern mandarin and southern mandarin; Characteristic words

风曰孛缆再议

刘志成[①]

风曰孛缆，见于宋代孙穆《鸡林类事》，其书记录有朝汉词语对照材料共360条。而后讨论这个问题的主要文章有：

应琳《风曰孛缆考》（《民族语文》1980年2期）

黄有福、崔虎成《孛缆语源考》（《民族语文》1982年2期）

俞敏《古汉语风字确实有过像孛缆的音》（同上）

尚玉河《风曰孛缆和上古汉语复辅音声母的存在》（北大中文系《语言学论丛》第八辑）

有的先生还引用了《尔雅·释天》“焚轮谓之穨”注“暴风从上下”、《楚辞·离骚》“后飞廉使奔属”洪兴祖补注引《吕氏春秋》“风师曰飞廉”，将焚轮、飞廉作为上古汉语有pl-声类的

① 作者简介：刘志成，成都文理学院教授。

证据。甚至还引用了“毗蓝”（一作毗岚）。“毗岚”来自梵语，见唐玄应《一切经音义》。

言之凿凿，似乎成了定论。《鸡林类事》写于宋代，宋代的汉语文献数不胜数，我们找不到其他宋人文献中有称风为“孛缆”的证据。其实，这些例证都值得重新思考。

“焚轮”是连绵詞，连绵詞大多有双声、叠韵的关系，但与单音的同义词并没有对应的声韵关系，用现代汉语普通话或方言存在的“孔——窟窿”来证明是危险的。道理很简单，因为差了几千年。在方法论上也有漏洞。《尔雅·释天》还有“扶摇谓之猋”，类似的例子我们还有“疾雷为霆霓”、“螮蝀，虹也”等，无法解释雷——霆霓、虹——螮蝀等等的声韵关系，我们只能说“风——焚轮”也没有什么声韵关系。

《尔雅》、《方言》、《楚辞》里的词汇都有少数民族词语，张永言等先生对此有专门的论述。这一点也不奇怪。汉语的发展有汉字记录材料的时间有三千多年，没有汉字记录的前汉字时代，说不清有多少年。传说的炎帝、蚩尤以来，不知有多少民族融合于中华民族的主体民族——汉族，他们的语言某些成分残留在汉语当中是很正常的事。

19 世纪韩国人黄胤锡《颐斋遗稿》：“风曰波岚，古曰勃岚，此则西域所呼迅猛风为毗岚，亦为毗蓝之转音也。”

我们来验证黄氏的说法：

Vairambhaka	毗岚 梵语迅猛风的音译
Buran	英语中突厥语借词，指暴风
БУРаН	俄语暴风雪
Baran	维吾尔语暴风

Boran　　　　　乌兹别克语狂风

以上例证涉及印欧语系、阿尔泰语系语言，不大可能说这些语言中关于暴风的词是借用汉语的吧？以“风曰孛缆”作为上古汉语存有 pl_ 类型复辅音的证据是难以令人信服的。

我的文章的中心意思是做学问要弄清楚个别和一般的关系，千万别夸大个别例证的作用；对个别例证的来源要追索到底，不要轻易相信。至于上古汉语的声类问题当然大家还可以继续讨论。

参考文献：

[1] 王力. 汉语语音史.. 北京：中国社会科学出版社，1985.
[2] 刘志成. 汉语音韵学研究导论. 成都：巴蜀书社，2004.

蜀难叙略（二）

［清］沈荀蔚　撰

唐文静　标点注释，周及徐　审订[①]

（续本刊第六辑）

说　明　明末，成都城为张献忠大西军所破，华阳县令沈云祚被俘，不屈遇害。时其子沈荀蔚年仅三岁。此后与其母在蜀中漂泊流离，历经战乱，劫后余生。战乱平息后，沈荀蔚已成人（二十四岁），写成此《蜀难叙略》，备述自己在这一场浩劫中的经历。其亲历闻见，是了解四川、重庆地区明末清初历史的珍贵资料。此文三毁三续而成，文笔纯熟、生动。作者成长于漂泊离乱之中，不废学业，于此文见之。其父沈云祚事迹，见本刊《语言历史论丛》（第五辑）明末范文光撰

① 校注者简介：唐文静，四川师范大学文学院 2010 级研究生，文学硕士。周及徐，四川师范大学文学院教授。

《沈华阳传》及注。原文选自《中国西南文献丛书》《西南史地文献·蜀难叙略》，缪文远主编，兰州大学出版社，2004 年，387—414 页，原文影印。

二月，董北蛮又突入芦山县[1]，焚掠甚惨。三品等击之。蛮据城相拒两月余，始遁去。自逆贼尽屠川西而北也，各州县野无民，城无令，千里无烟者已七八年。至是西南接壤之所[2]，始有开垦者，然田皆膏腴，芜久益肥沃[3]。用力少而成功多，且无赋税，力之所及，即为永业。由是川南之民皆健羡之[4]，非安土重迁者，往往相率去。久之渡江，渐达西北[5]。而诸州县始仍设正佐官，然城郭不可入[6]，但得其界内有民之所[7]，官就而居之[8]，月食其供亿[9]。得民数百家为上，数十家者次之，数家者为下。亦有传食而课其子弟者[10]，忘上下之分，而宾主之情始洽。不则无所得食[11]。亦有无民而寓于邻邑以需岁月者[12]。后又令查报民数，视其损益而殿最之[13]。官日益抚摩之不暇矣[14]。

【注释】

[1] 二月，这里指顺治十年（1653 年）二月。芦山县：在四川雅安境内。

[2] 西南接壤之所：当指雅安、芦山、荥经一带。

[3] 膏腴：肥沃。芜：土地不耕种而荒废。

[4] 健：甚，非常。健羡：非常仰慕，非常羡慕。

[5] 渡江：渡过岷江。西北：指川西、川北。

[6] 正佐官：正副长官，地方府州县的官员。然城郭不可入：指城市遭兵灾毁坏后荒芜不可居。然：然而。

[7] 但得：只要能找到。有民之所：有人民居住生活的地方。

[8] 官就而居之：官员到那里去居住。

[9] 供亿：指供应的东西。

[10] 亦有传食而课其子弟者：也有受乡民供养而给他们的孩子教授学业的官员。

[11] 不则无所得食：否则（官员）没有地方吃饭。

[12] 寓：寄居，寄住。需：等待。

[13] 损益：增加和减少。殿最：考核，统计 。

[14] 抚摩：安抚。

此段叙述张献忠军队屠杀川西北七八年后，才开始有人在荒芜的土地上耕种，以及当地人民开始恢复生产生活的情况。

九月，远近哄传需梦魂头十余万[1]，将以祭遣阴兵。梦魂头者，熟睡人面皮也。云此法起于滇、黔，官面一可当十，妇人面一可当二。于是官不问文武尊卑，民无分男女老幼，皆恐失其面。或邻右稀疏者[2]，必移就人众之所[3]。十数家聚如一室，积薪爇火[4]，持器防护，面面相觑，数千里无一睡梦人。有溲便之类离其本位者[5]，将至，必自道其姓名，偶忘之则群梃奋击[6]，不及一言而死。夫妇兄弟相击死者，官亦不能罪之[7]。每夜则远近喊震，问之，或云见持刀人化猫犬而逝[8]，或云误击某人死。如是数月乃已。然实未闻失面者几何人[9]。不知是何妖术也。

【注释】

[1] 哄传：纷纷传说。梦魂：古人以为人的灵魂在睡梦中会离开肉体，故称“梦魂”。

[2] 邻右：邻佑，邻居。

[3] 就：凑近，靠近。

[4] 爇（ruò）：烧。

[5] 溲：大小便，特指小便。

[6] 梃：棍棒。奋：提起，举起。

[7] 罪：惩罚，治罪。

[8] 逝：逃走了。此句意为：看到持刀的人变成猫狗逃走了。

[9] 然实未闻失面者几何人：然而实在没听说有几个人真的失去了面皮。

此段叙述人们为谣言所扰，不分官员百姓男女老幼，为自保而人人自危，因恐惧而相互残杀。

十一年甲午[1]，成都、新津戍卒与诸游手民，日谋取财之法。古今陵寝坟茔悉被发[2]。金珠顿贱，古器往往弃草间，又于故城郭坊市之所，搜剔瓦石，得其瘗金[3]，动获千百。计得其遗散者，或日数十金，或数金，以为常。后渐少，则远求于数百里外。屡有庐舍如故而无路可达，及入则帏帐什器宛然，而人腊或坐或卧[4]，盖三冬馁死者也[5]。又有渔人获银鞘于江口[6]，而剖其鞘，以为饲豕之具。见者诣守将告之。渔人献其所获。主者以为不止此也，遂炙拷而毙。于是制诸器日打捞于江中，亦时有所得。二三年后，尚矻矻不休[7]。

【注释】

[1] 十一年甲午：顺治十一年，1654 年。

[2] 陵寝：古代帝王陵墓。坟茔：坟墓；坟地。发：发掘，挖开。

[3] 瘗（yì）：掩埋。瘗金：掩埋的金银钱财。

[4] 腊（xī）：干肉。人腊：干尸。

[5] 馁（něi）：饥饿。

[6] 银鞘：张献忠以空心木装银子，沉于岷江中。江口：今成都南彭山县有江口镇。

[7] 矻矻（kū）：辛勤劳作的样子。

此段叙述戍卒游民劫后谋生，盗掘古陵寝，又于废墟中搜寻财物，于岷江中打劳沉银。

八月，孙可望令蜀士乡试于贵州[1]。两省合取中式者四十人[2]，拔贡二十人[3]，又使祁三升镇嘉定，而撤狄三品等回滇。

【注释】

[1] 乡试：明、清时在各省省城和京城举行的科举考试。每三年举行一次。

[2] 中式：指科举考试被录取，科举考试合格。

[3] 拔贡：科举制度中由地方贡入国子监的生员之一种。

此段叙述孙可望以南明政权的名义在黔蜀两省举行科举考试。

十二年乙未[1]，二月，见孙可望所颁仪注[2]，轻文重武，无所不至。又见看守塘拨[3]，及刍爨小卒[4]，虽见道府[5]，亦无不通家弟抗礼堂皇者[6]。若值卒骑于道[7]，则旗仗纷纭，辟易惟恐其鞭之或下也[8]。至于参游将领，有事经过地方，每借粮料为词[9]。州县佐贰[10]，往往受其鞭扑[11]，亦异变也。

【注释】

[1] 十二年乙未：顺治十二年，1655年。

[2] 仪注：制度。

[3] 塘：专门的军事信息传递设施。提塘是各省派驻京师递送中央各部院与各省之间来往公文的官员。塘拨：各省提塘与本省的信息往来均有专门线路，是在驿站、铺递之外的塘递专线，设于京师与各省督抚驻地之间，沿途设立塘拨，充任塘拨之人，往往为军兵，由驻京提塘统一管辖。

[4] 刍：割草。爨：烧火做饭。

[5] 道：清代和民国初年在省下设道。府：唐朝至清朝的行政区划，比县高一级。道府，一般指官府。

[6] 抗礼：行平等的礼。又作“亢礼”、“伉礼”。堂皇：冠冕堂皇。

[7] 值：遇到，碰上。

[8] 旗仗：亦作“旗杖”。仪仗队用的旗帜、伞、扇等。纷纭：众多的样子。辟易：退避。

[9] 词：托辞。

[10] 佐贰：辅助主官的副官。

[11] 鞭扑：鞭打人的身体。

此段叙述孙可望颁布重武法令，其军队骄横跋扈。

三月，蔚与何吉生倾盖于洪雅[1]。吉生，滇人，眉州守何公芳声子也[2]。以事至洪雅相见，恍如宿契[3]，邀至眉州，与同砚席[4]。时有兼试忠孝经之令，久之乃得其书。九月，太常卿陈玺来督学政[5]。蔚赴嘉定应试，遂寄眉庠[6]。是岁帖括之暇[7]，追忆往事，及博取传闻[8]，目为《蜀难叙略》，续有所得，则日附益之[9]。通国之难，与身家之难俱是也。冬，李本高米镇嘉定。

【注释】

[1] 倾盖：车上的伞盖靠在一起，指友人相逢。洪雅：今四川洪雅县。

[2] 眉州：治今四川眉山。

[3] 宿契：宿缘。恍如宿契：宛如有宿缘的朋友。

[4] 砚席：砚台和坐席，借指学习。

[5] 学政：明清官职，提督学政，主管一省的科举，与总督、巡抚平行。

[6] 庠（xiáng）：古代称学校。眉庠：眉州的学校。

[7] 帖括：泛指科举应试文章。此处意为参加科举考试。暇：空闲，没有事的时候。

[8] 博取：多方面吸取或广泛听取。

[9] 目：标题，此处意为给文章命名。续：陆续。附益：增加。

此段叙述作者应南明政权试，并将亲历见闻写成《蜀难叙略》。

十三年丙申秋[1]，刘文秀引兵入川，称蜀王。初，文秀之败于保宁也，孙可望亦于湖南为李定国所败[2]，大惭，且恐文秀将来亦不可制[3]，乃乘此败，按其失律之罪[4]，解其兵柄[5]，以张黑神先奔，杖死。至去年冬，定国自粤西突入云南。方复起文秀，将其众同奉永历入省城，始封蜀王，而定国则晋王也。文秀入川，帝制自为，官属皆备，又以夹江县之南安坝为己瑞[6]，乃营而居之。十二月十五日，复亲至洪雅西南三十余里之乾坝阳，花溪、雅河所汇处。地虽甚狭，而三面阻水，惟西南通黎、雅，呼为天生城[7]。其舍嘉定而规此者，以川东不复有归路，且恐可望袭之也。于此平丘垄，毁室庐[8]，伐大木，烧绿瓦，建造宫殿，及百司府署各营，画地而居。然文秀相度之后，至明年二月，已为定国促归，谋与可望决胜负。未几，病死矣。是役也，费民间几许膏汗，而竟不得一见，可叹也！此地乃蔚丙戌以后寄迹之所，有数亩以供饘粥[9]。至是悉为营地。本岁春，蔚方出山居之。今又入山，甚可恨，以身受其害，故悉其诞妄而无才略云[10]。

【注释】

[1] 十三年丙申：顺治十三年，1656 年。

[2] 李定国：字鸿远，家世务农，年少入张献忠农民军，随张献忠转

战，以勇猛称。献忠死后，率大西军余部进驻云南，联明抗清。

[3] 制：控制；制服。

[4] 失：违背。律：法则，规章。

[5] 解：除去。柄：权。解其兵柄：解除刘文秀的兵权。

[6] 夹江县：今位于四川乐山。瑞：吉祥；吉利。

[7] 天生城：刘文秀所营宫殿址，当在今洪雅县花溪口。

[8] 丘垄：丘陵。室庐：房屋。

[9] 饘 zhān 粥：稠粥，这里指勉强度日的饭食。

[10] 悉：知道。其：指刘文秀。诞妄：欺诈，虚妄。才略：才能和谋略。

此段叙述刘文秀在洪雅乾坝阳耗费大量财物为自己营造宫殿，无果而终。

十四年丁酉二月[1]，刘文秀由建昌还云南。诸帅随行者太半[2]，李本高亦去，留其将王朝钦守嘉定，寻亦撤回[3]，而以杨国明代焉。五月，监察御史张一甲来督科岁试事。六月，蔚往嘉定应试，遂得补廪，俟秋观场[4]。时典试官为蛮贼所害，议展场期[5]，另行差遣。以交水连兵不解，故不果而罢。蔚之赴试也，母已病。至是为抚院万公任所留，欲需缺委用。公故江南嘉定令，署太仓篆甚久，为先君子故人[6]，谊甚厚。蔚回辞归省[7]。母病已亟[8]。于十二月十六日，终于八面山之白岩溪。蔚哀毁之余[9]，勉力权厝[10]，然天犹不吊[11]。守制甫及浃旬[12]，而仆遁婢亡[13]，回禄肆虐[14]。一月之间，惨变重并，于时欲归不能，欲住不可，踪迹飘泊矣。

【注释】

[1] 十四年丁酉：顺治十四年，1657 年。

[2] 太：大。

[3] 寻：不久。

[4] 廪：廪生的简称，明清两代称由公家给以膳食的生员为廪生。俟：等待。观场：指赴乡试。

[5] 展：延缓，放宽期限。

[6] 署：代理官职。篆：印章多用篆文，故为官印的代称。本句意为万任曾为江苏太仓县（沈的故乡）县令，是沈荀蔚父亲的老朋友。

[7] 回辞归省：回绝了万任的好意，回去看望母亲。

[8] 亟：危急。

[9] 哀毁：指居丧时因悲哀过度而损害健康 。

[10] 勉力：尽力，努力。厝：停柩待葬。

[11] 吊：善；良好。然天犹不吊：然而上天又不庇护。

[12] 守制：古代父母死亡守丧。甫：刚。浃旬：一旬，十天。

[13] 遁、亡：都是逃跑的意思。

[14] 回禄：相传为火神之名，引伸指火灾。

此段叙述作者乡试延期不行，母患病辞世，又遭遇种种灾祸。

十五年戊戌秋[1]，本朝大兵三路进取滇黔。至重庆，其守将遁去。我兵入城，以付巡抚高民瞻，留总兵王明德、程廷俊等同守之。时文安之及谭文、谭诣[2]，见大兵已南，乃同围重庆。文、诣先已有隙[3]，至是久顿坚城不能克[4]。安之劝两人释怨，共立大功。诣遂单舸入文营[5]，刺杀文。而安之与文众遂东奔。诣即请降。总督李国英以三边兵适至[6]，遂受之。未几，谭弘亦率下东诸城寨来降。

【注释】

[1] 十五年戊戌：顺治十五年，1658 年。

[2] 文安之：南明大臣。字铁庵。汉族，夷陵（今湖北宜昌）人。永历四年（1650），到梧州见永历帝，任东阁大学士。次年，为联络川中诸镇之兵，自请往四川督师，加太子太保兼吏、兵二部尚书，总督川、湖诸处军务。到川东联络川鄂边境的农民军“夔东十三家”抗清，督十三家中的刘体纯、袁宗第、李来亨等十六营由水路会攻重庆。因十六营中的谭弘、谭诣杀死谭文，致攻重庆失败。不久病死。

[3] 隙：感情上的裂痕。

[4] 顿：止宿，屯驻。

[5] 单舸：孤舟。此处指谭诣独自一人去谭文的营房。

[6] 适：正好，恰好。

此段叙述清兵进入重庆，谭诣等归降清军，川东平定。

十六年己亥夏[1]，刘文秀将高承恩兼并杀掠，肆行无忌，为其下所杀。承恩自丙申春以咸宁侯守雅州，至是闻滇黔失守，恃其强[2]，将军杜学、副将向葵诸军皆为所并。朱、王等帅亦遁去。已而，文秀左扈卫广平伯陈建自滇遁入川，承恩责其弃主偷生，亦并其众。承恩计蜀中无敢与抗者，惟杨国明以右扈卫将军兼藩司事，守嘉定，多权谲[3]，然无兵。搜求昔年附名起义者及吏役辈编入行伍，终不满三百，而能任干戈者不及半。承恩数征之，耻不赴[4]。

【注释】

[1] 己亥：顺治十六年，1659 年。

[2] 恃：依仗。

[3] 藩司：明清时布政使的别称。主管一省民政与财务的官员。谲：欺诈，玩弄手段。

[4] 承恩数征之，耻不赴：高承恩多次召唤调遣，（杨国明）耻于听

命。征：征召。

此段叙述刘文秀部将高承恩仪仗自己的强大和权势，兼并众将。

五月初，承恩方屠天全土司归，即发其将许总兵，偕杜学率精骑千余，一日夜奄至嘉定，沿途烽堠皆不及发[1]。国明已无可如何，乃饬馆舍盛供帐，单辞厚币，乞留三日束装[2]。不许。二日，许之。且请结为兄弟，冀借其力以赊死，而裨将及兵士之相约结亦如之[3]。客军无不乐留者，仍纳诸簿籍及城门管钥，且云："敝卒皆胥役土著，惮于行，逃匿者过半。若单骑，何以见爵主？请置贵卒各门，以讥诃出入[4]。"二将益信其无他。本日，国明于陆路发起马牌[5]。次日，又发银杠辎重及各家口，登舟溯流而上[6]。而素取民间及自置诸什器与菽粟，列之堂庑，阳言欲以还民[7]。而实阴饵城内外士民，诣两将及己门，执香泣留，肩踵纷拿，无虑二千余人[8]。而所运用私人，得杂之以出入。国明对众示以不可复留状，且自咎无德以及地方，而猥承父老厚意如此[9]，诸物任若等均取，不足当遗爱，诘朝无劳远送也，挥泪而遣之[10]。客军多有泣下者。薄暮，移盛筵，操重宝，就二将，奉觞为寿，礼愈卑，词愈哀，兼奏女乐，演传奇以侑酒[11]。其将校士卒，俱次第于他所，陈设精好，兼馔以款之，而进献劝酬，悲欢交至，两军无弗相洽者[12]。夜既过半，各相勉安寝。国明丁宁黎明就道，不敢复留以滋罪戾[13]。而客军则惟恐寐之不熟矣。

【注释】

[1] 即：立刻。发：派遣。一日夜：一天一夜。奄至：急速来到。烽堠：烽火台。沿途烽堠皆不及发：沿途的烽火台来不及点燃（传递军情）。

［2］如何：奈何。饬：修整。饬馆舍盛供帐：修整客栈、丰足地陈设帷帐（以款待许总兵和杜学的军队）。盛：丰盛。供帐：陈设帷帐。单辞厚币：言词简短，礼物丰厚。乞留三日束装：（杨国明）请求许和杜的军队留下来三天，以为自己整装上路的时间。束装：收拾行装。时杨国明实际上已被俘虏，且将被押往雅安，这样做是为麻痹突然来到的强敌。下文的举动是同样的动机。

［3］且请结为兄弟：并且（杨）请求（与许杜二人）结为兄弟，借他们的帮助（在高承恩面前）缓死。赊死：缓死。裨将：副将。约结：结交。亦如之：也同样（结为兄弟）。

［4］“客军无不乐……讥诃出人”句：许、杜的军队都乐意留下。杨国明仍然将军队名册及城门钥匙交给许、杜，说：“我的士兵都是当地的胥吏与差役，害怕远行，逃跑的很多。若我一人前去，怎么见高承恩爵主？请在各个城门派上你们的士兵，以盘查出人。”敝：谦辞，我（们）的。胥役：胥吏与差役。讥诃：盘问审查。

［5］“发起马牌”句：向沿途关卡发出自己将要出行（雅州）的通知。起马牌：官员出行前向沿途地方发放的通知。

［6］“又发……登舟溯流而上”句：（杨国明）让家人乘船溯青衣江而上（先赴雅州高承恩处）。银杠：指银钱。辎重：指随军运载的军用器械、粮秣等。

［7］堂庑：正屋和厢房。阳言欲以还民：假称要把这些东西还给人民。阳言：诈言，“阳”通“佯”。

［8］阴饵：暗中用财物诱使。肩踵纷拿：摩肩接踵。混乱错杂的样子。无虑：大约。

［9］猥：谦词，表谦卑。

［10］不足当遗爱：不足以表达我去职后对地方父老的关爱。诘朝：次日早晨。

［11］奉觞：双手举杯。演传奇以侑酒：演唱传奇故事来为饮酒者

助兴。

[12] 兼馔：多样的食品。劝酬：指互相劝酒，敬酒。两军无弗相洽者：两边的军人没有不相融洽的。

[13] 丁宁：叮咛，反复地嘱咐。就道：上路（去雅州伏罪）。以滋罪戾：以增加罪过。

本段叙述南明乐山守将杨国明在高承恩部下大军入城的不利情况下，设计骗得许、杜二将军的信任。

国明归，密召其众，陈利害，示生死，向天啮臂盟[1]。亲昵者露刃相向，无敢异议者。时将五鼓[2]，乃帽垂白带为号，分将其众，无白带者即杀之。燔屋举炮，驱象坏馆门而入，遇者皆死[3]。许将匍匐入水窦中[4]，仓卒索之不能得。其在外将卒，皆沾醉梦酣[5]。有乘屋者，有暗中自斗者，有出走叫呼救火者，有宛转地上不能起者，有杀于枕席至死不知者。方乘火光追杀，而国明已夺水门，与家口顺流而东矣。家口之发也，多用人夫以招摇于道，其实阴从之，而滩水湍迅，力微不得上[6]。沿途追索逗留，所行不及三十里。夜分已捩舵东下，舣对岸[7]，候炮而渡放，得会杜军营于老萧顶。国明潜以火药绕之，欲一爇无遗。既而杜将案军不救[8]。故国明念其一体被胁之人，意良厚，戒勿发，故得独全[9]。而天已向曙，杜将计杨单弱，所袭杀终不能尽，且妻子尚在雅州，恐无辞以对承恩，乃举号遥为声援，而许将亦出与相应，残卒皆集。主兵反顾，乃无主，情见势屈[10]，突门不得出，遂散走城上。投江者百余人，溺死及赖绵甲以济者各半，其不及者数十人，俱被杀。复大索城中，得三十余人及其象以归。承恩大怒，杀其俘，闻杜将观望，甚恨之，以其几被爇而止[11]。然所失亡皆选锋，顾新军反多于己，恐为所图，由是猜暴益甚[12]。又欲尽杀川南遗民，引兵由西域入滇，诸军皆不欲行。欲杀诸家口，久不决。日夜纵酒，醉则手刃左右以逞，几为献逆优孟矣[13]。又忌其弟高承麟及陈建，将杀之。诸将惴惴289死[14]。承麟即郝承裔。初，承裔父郝某为贼帅战死，其子应袭官，领其众，而承裔甚幼，故以付养子承恩。

【注释】

[1] 啮：咬。盟：盟誓。

[2] 鼓：古代夜间击鼓以报时，一鼓即一更。

[3] 燔：焚烧。举炮：发号炮。驱象坏馆门而入：驱赶战象撞塌客馆的大门而冲入里面。

[4] 水窦：水道；水之出入孔道。

[5] 沾醉：大醉。

[6]“家口之发……力微不得上”句：（杨国明的）家人出发（向雅州）的时候，多用纤夫在路途上招摇，其实只是暗地跟随（不出力拉纤），（青衣江）滩水迅急，力量小就上不去。

[7] 追索逗留：追着纤索走走停停。夜分：夜半。捩舵东下：扭转船舵向乐山顺流东下。“舣对岸”至“老萧顶”：停船对岸，等候号炮而渡过来，得与杨国明相会于老萧顶杜军营。舣：停船靠岸。

[8] 一爇无遗：一烧而尽。爇：烧。既而：不久。案：同“按”。

[9] 本句意为：杨国明顾念杜同是被高承恩胁迫之人，本意善良厚道，戒告下属不要点火引发，所以杜军能独自保全。

[10] 主兵：指杨国明的部队。情：真情；见：通“现”，暴露；势屈：指军情已被敌方了解，自己处在劣势的地位。

[11] 止：停止。指高欲对杜采取行动的打算。

[12] 选锋：古代指挑选精锐的士兵组成的突击队。猜暴：猜忌凶暴。

［13］几为献逆优孟矣：几乎成了张献忠的复制品。

［14］罹：忧惧。

本段叙述杨国明趁敌人松懈，大破许、杜军，高承恩闻败暴怒，猜忌众将。

六月十一日，其记室张世禄密告承裔与建谋曰[1]：“滇黔士马精强，天下无敌。一旦同室兴戎，遂成瓦解之势。今欲以数千之众，远走荒徼，安能得达？然欲吾辈延颈就死[2]，亦所不能。不如图之[3]，相与归降大清，不惟脱死，且永保富贵也。”遂定盟。及二鼓，遮得其夜巡符验[4]，潜令陈卒两分之，一则掩杀得脱于嘉定之许总兵[5]，一则斧承恩门而入[6]。承恩闻变，逾垣缒城而出，于所置塘拨得弓刀衣履及二人二马以行[7]。午后抵荥经。闻者以为将屠之也，皆失魂走，及见其后无继者，复相庆曰：更生骑止此耳，内难果作矣！于是相率尾之。至县署，见承恩无一语语令，但独步堂皇，作咄咄状[8]。甚暑，刀不去身，且令随行卒登楼北望，但呼具汤[9]。汤至又不能下咽，乃急索白镪数十金[10]，置诸怀，上马南走。次日，闻夜宿黄泥铺之大板桥，以两人守前后桥门而已，握刀卧其中。有乡人以鸡酒至，酬以十余金。夜分，大雷雨，俄闻哭甚哀。及走黎州，无敢纳之者[11]。时杜学以其众屯芦山[12]，陈建以其众屯荥经，而追兵则已先发，旋获其首以归。民咸大悦，得安枕矣。陈建何人，而做此大福德事？

【注释】

［1］其记室：郝承裔的秘书。记室：官名，掌章表书记文檄。或称记室督、记室参军等。

[2] 远走荒徼：指前述高承恩欲从川西南赴滇之事。徼：边境，边远之地。延颈：伸长脖子。

[3] 图之：指除掉高承恩。图：谋划，反复考虑。

[4] 遮：侦察。符：古代朝廷传达命令或征调兵将用的凭证。验：凭据。

[5] 掩：乘人不备而袭击或捉拿。

[6] 斧：名词用作动词。用斧子劈、砍或破开 。

[7] 逾：越过。垣：矮墙。缒：绳索拴住人或物从上往下放。塘拨：见前注。

[8] 无一语语令：无一句话对县令说。作咄咄状：做出责备的样子。

[9] 但呼具汤：只叫准备汤水。具：备办。

[10] 镪：银子，银锭 。

[11] 黎州：此处指黎州治所四川汉源县清溪镇。

[12] 芦山：今四川雅安市芦山县。

此段叙述高承恩嗜杀无度，激起部将反叛，高败落逃亡被杀。

蔚自正月以友人召至天全土司，于二月初二日夜半，即值承恩突入屠掠，数滨于死[1]，绳梯悬渡，行无人之地七百余里，乃达冷赍、鲊威土番、猓猡诸蛮堡[2]。五月，始抵荥经，方恨此贼刺骨，见其死甚快，似代蔚复仇者。其败于国明也，有盐贾目击其事，言之娓娓可听，而国明之脱身虎口，其智有足多者，故并纪之如此。

【注释】

[1] 滨：通“濒”。靠近；临近。

[2] 冷赍：当为冷碛，在今四川泸定县。土番：对藏族的旧称。猓猡：即猓猓，对彝族的旧称。

此段叙述作者在天全，正遇高承恩劫杀当地，逃离汉地才得以保命。

八月，本朝巡抚高民瞻，提兵由保宁恢复成都。监军道程翔凤亦自威茂至。于是郝承裔称讨彝将军，与陈建各领将校，相继诣成都降。杜学率其众东奔，民瞻遣将邀之不能止[1]，遂至重庆降。时成都城中绝人迹者十五六年，惟见草木充塞，麋鹿纵横，凡市廛闾巷[2]，官民居址，皆不可复识。诸大吏分处城楼，盖前四镇所葺者也。而川北及秦陇人，俱相率随大军开辟，士农工贾技术胥役之类，惟力是视[3]，俱伐树白之以为界[4]。强有力者，得地数十丈不止。先施棚帐于髑髅瓦砾间，然后因树为柱，诛茅覆之[5]。远近趋利者日辐辏[6]，然故民则千百中不能一二也。城中豺虎熊貐，时猎得之，而故蜀府内二三年后犹然。又闻城中井，昔二万余，后不盈三百，其余皆或人或金实其中，与平地等矣。蔚欲得故乡消耗[7]，于九月自洪雅入成都，惨不忍见，追忆先人，梦魂皆咽。有诗云：“一别成都十六秋，满怀积绪倩谁收[8]？锦城久属荆榛据，金谷偏供麋鹿游。上帝有心沉汉鼎，孤臣无力仗吴钩。兴亡今古虽恒事，不道犹能拟蜀州。”又见老僧募人力车辆，散求枯骴[9]。日数十载，积于城外，白山累累，将葬焉。而先君子齿发无存，追惟弥痛。时蔚止于隋征总兵杨凌云所。凌云即璟新，由壬午武举人，为先君子所取士[10]。

【注释】

[1] 邀：阻留。

[2] 市廛：集市。闾巷：里巷。

[3] 胥役：胥吏与差役。惟力是视：指竭尽己力而为。

[4] 白：使…白。伐树白之：指在树上削去树皮为标记。

［5］施：建立。髑髅：头骨。诛茅覆之：割茅草盖顶。

［6］辐辏：形容人或物聚集，像车辐集中于车毂一样。也作“辐凑”。

［7］消耗：音信；声息。

［8］倩：请。

［9］散：不集中的 。枯：肉已烂尽的骸骨。胔：肉未烂尽的尸骨。散求枯胔：老人募集人力车搜集散落各处的尸骨。

［10］壬午：1642年。为先君子所取士：是我已故的父亲录取的（明朝）武举人。

此段叙述成都在张献忠屠杀（1646年秋）十五六年后仍是一座荒城，至是方有官民移入，清理废墟。

十七年庚子八月[1]，郝承裔叛于雅州。初，承裔赴成都降，其将王功成、秦有功，见成都兵少，悔之。每导承裔反，而故蜀宗室庆符王，以诸当事欲借之以夸功，亦逃至雅州，说承裔反[2]。承裔即举事，即驰攻嘉定。城中贾副将及陈建设守，贼不能克而还。又分兵夜袭新津，仓卒不及战，马匹俱被掠。九月，巡抚遣将击承裔于洪雅，不利。十一月，北川总兵杨某赴援，击贼于卭州[3]，其戎旗下百余骑，深入贼阵，不得出，须策应。杨以为败没也，遽引还[4]。贼因象势乘之，骑溃围得出者十之二三。未几，提督郑蛟麟亦于卭州不利，然贼亦疲于奔命矣。

【注释】

［1］十七年庚子：顺治十七年，1660年。

［2］说：游说。

［3］卭州：地名。未详，当在雅安城的东北方向。

［4］遽引还：仓促退兵返回。

此段叙述郝承裔归降清朝后又据雅州叛乱。

十八年辛丑正月[1]，总督李国英自川东来援，驻嘉定。督提镇郑蛟麟、王明德等攻之，屯于洪雅。贼未经挫衄，益骄，且恃中途竹箐关[2]，及对岸土地㭒之险，以为固，设关门，各以数十人守之。有警则举炮为号以赴救，而失险则炮倍之。明德知之，以重赏购洪雅人罗大雄、刘四两人为向导，得岐径可以绕出关后[3]。明德乃令毋得讥诃行人。贼间谍往往假贸易以出入，凡有举动辄知之。贼深幸以为得计。三月二十日，明德下令曰："二十六日破关灭贼。"贼闻之，计曰："道里相当，我以是日援之，亦足以达。但恐为此虚声，则邛州甚可虑。"乃益发卒戍之。至二十二日薄暮，明德令城门不得出入。遂乘夜发兵，衔枚趋竹箐关[4]。黎明抵关下。贼方凭险相拒，而明德已出关后反击之，贼溃走。惟三贼不去，斗死。炮不及发，对岸者望见发之，亦遁。承裔等闻之，知中计，乃纵火弃城，南走荥经县。居民亦窜去。我兵次日入城，搜牢余党[5]，绥辑流移[6]。留五日，明德等整励士伍，追贼，而贼已北还，欲掩我兵不备[7]。四月初一日，遇于八步石，道险仄不利驰驱，乃俱舍马步斗。自巳至申，贼鏖战不退，我军番休[8]，贼饥渴不支。其象反走，自践其众，贼遂大溃散走。我军追杀至荥经，而承裔、功成、有功皆脱身遁去，余众悉降。川南平。象寻死，中有炮子、矢镞二三斗，皮骨齿牙，百余人举之不能尽[9]。旋获承裔于黎州山谷间。总督班师，以承裔归，斩于重庆。功成、有功皆为僧，寻捕得，相继伏诛。秋，马湖松潘蛮先后叛，皆讨平之。

【注释】

[1] 十八年辛丑：顺治十八年，1661 年。

[2] 衄（nǜ）：损伤，挫败。竹箐关：今洪雅竹箐镇，在青衣江边，在洪雅通向雅安的道路中点，故后云“道里相当”。

[3] 岐径：岔路。

[4] 衔枚：古代军队秘密行动时，让兵士口中横衔着枚（像筷子的东西），防止说话，以免敌人发觉 。

[5] 搜牢：搜寻。

[6] 绥：安抚。辑：使安定。流移：指流离失所的人。

[7] 掩：乘人不备而袭击或捉拿。

[8] 八步石：今八步乡，在雅安城南约 15 公里。自巳至申：从上午九十点钟到下午三四点钟。鏖战：激烈地战斗，竭力苦战。番休：轮番休息。

[9] 矢镞：箭头。举之：取之。

此段叙述清李国英部将王明德攻取竹箐关，攻克雅安、荥经，平川南。

康熙元年壬寅冬[1]，总督李国英引兵东下，经略西山事宜。时从征边兵，以国英解三边军务，专督四川，皆思归。国英谕以俟平西山，乃听还。众皆喜。于是进取夔府[2]。时贺珍据大宁县[3]，袁宗第据大昌之茶园坪[4]，刘体纯据巫山之老木孔及巴东县[5]，郝摇旗据大昌县[6]，王光兴据建始县及施州卫[7]，拓大宝、马腾云据竹山房县，李赤心养子来亨据茅麓山寨。

【注释】

[1] 康熙元年壬寅：1662 年。

[2] 夔府：旧府名，府治在今重庆奉节县。

[3] 大宁县：大宁县即今巫溪县，元代立大宁州，明改县。

[4] 袁宗第（？—1664）：明末清初人。李自成部将。

[5] 刘体纯（？ —1663），明末清初人，又名刘体仁、二虎，号飞虎。明末李自成农民起义军部将。巴东县：在湖北省西部，西北邻重庆市巫

山县。

[6] 大昌县：位于重庆市巫山县境内。

[7] 建始县：位于鄂西南山区北部，东连巴东县，西接恩施市。施州卫，明洪武十四年（1381 年）置，治今湖北省恩施市。辖境约当今恩施、五峰以西地，属湖广都司。

此段叙述清总督李国英率兵东下平定三峡地区的叛乱。

二年癸卯春[1]，大兵至大昌之大田坝，与贼战，大败之。郝摇旗等弃城遁，遂取大昌，又使游击陈福袭取茶园坪。袁宗第、郝摇旗及其众皆弃妻子走。福掳之而归，遂取巫山。贺珍以大宁降。后总兵梁加琦，游击赵虎臣等，击刘体纯于三会铺，不胜。其后湖广董提督欲自专其功，不俟秦蜀会兵，先击李来亨，亦失利而还。于是乃议题请禁旅。九月，来亨纠合群贼刘体纯、拓天宝、马腾云、袁宗第、郝摇旗等围巫山。时城外杂树梅花桩，贼不得薄城，日挑战。国英不出，贼乏粮遁去。我兵追之，获宗第、摇旗，械至京，斩之。三月甲辰正月，大兵攻老木孔。贼将罗茂同率众斩关来降。刘体纯自焚死。拓天宝、马腾云皆赴楚降。于是满汉三省大兵[2]，围李来亨于茅麓山。山三面陡绝，惟后有小径可登。郑蛟麟引兵袭据之，长围四合，贼自是若处樊笼矣[3]。

【注释】

[1] 二年癸卯：康熙二年，1663 年。

[2] 满汉三省大兵：指清朝秦蜀楚三省的军队。

[3] 樊笼：关鸟兽的笼子。比喻受束缚不自由的境地。

此段叙述清军平定蜀楚交界之西山地区。

时蔚至万县闻之。先是己亥，蔚入成都，图归未得。三四年间，行踪萍梗[1]。有彭公文炜，以保宁别驾署成都府篆[2]，于上年春闻蔚归志未遂，驰役洪雅，邀蔚同归，会升任襄阳，将发。蔚乃往拜母茔，兼与妹言别。于正月初三日，同自保宁放舟东下。时楚蜀之间，贼垒犹存[3]。至是闻此克捷，甚喜。然追忆前事，悲戚之来，不啻巫峰等高，瞿塘比深也[4]。二月十五日，达新滩，为楚境。未至三十余里，已闻江水隐隐作雷声，与江干铁马金戈争壮，及至，而汹涌之势，怖心夺目，且大石隐见水面，长年以舟穿罅行，滩如雪山，陡削数丈。蔚舟直下如坠，而着石有声，水急于矢，而舟乃不动，后至者瞬息数里矣。水已及膝，众仓皇失声，已而自分必死。舟忽回向北岸，舟子极力十余棹[5]，乃沉于石罅[6]。虽身外了无长物，而人无死者。夫以湍迅如矢之水，而能尼之不行[7]，且向岸，岂非天哉！三月，抵襄阳，留于署斋。九月，闻李来亨自焚死。数十年逋寇[8]，遂无噍类[9]，荡荡平平，普天称快。

【注释】

[1] 己亥，1668年。萍梗：比喻不安定的生活，行踪如浮萍断梗一样，漂泊不定。

[2] 别驾：官职名，全称为别驾从事史，也叫别驾从事。汉代设置，为州刺史的佐吏，宋以后改称通判。署：兼任。成都府篆：成都府的长官。

[3] 垒：防护军营的墙壁或建筑物。

[4] 不啻：无异于。巫峰等高，瞿塘比深：（悲伤之情涌来）像巫山山峰一样高，瞿塘峡水一样深。

[5] 棹：以桨划船。

[6] 石罅：石缝。

[7] 长物：多余的东西。尼（nǐ）：阻止；阻拦。

[8] 逋：逃亡。

[9] 噍类：本指能吃东西的动物，特指活人。

此段叙述作者返乡途中，于长江三峡舟行遇险。

今乙巳五月，蔚发自襄阳，载愁千斛。及里门在望[1]，窃谓二十四载之流离，七千余里之睽隔[2]，一旦复聚首于骨肉之前[3]，亦不幸中之幸，而旷世之异闻也。岂期王父复壶公久已即世，兄祉繁亦不禄[4]，止遗孤侄启亮[5]，仅尔孑立[6]，庐产莫问，婚媾寒盟，家中情状，会不减于蜀道难[7]。仰天长号，益不知其泪之盈盈下也[8]。不肖蔚惊魂甫定[9]，百务未遑，乃蒙诸年伯先生垂咭[10]，兼询与难始末。蔚谨自壬午岁先君子赴任，以迄甲辰年蔚出蜀[11]，又次年归里事，录成《蜀难叙略》如右，以代口陈。载笔伤心，一字一泪，其间沧桑涂炭之情状，诚有绝无仅有者。耳目所及，举不敢遗[12]，以备省览。

【注释】

[1] 乙巳，1675 年。里门：乡里的门。古代聚族列里以居，里有里门。这里指作者的故乡江苏省太仓县娄东。

[2] 睽隔：别离，分隔。

[3] 一旦：有朝一日。

[4] 王父：祖父。即世：去世。祉繁：人名。不禄：死的讳称。

[5] 止：仅，只。

[6] 孑：单独，孤单。

[7] 庐：房屋。产：财物。婚媾：婚姻。寒盟：指与贫寒之家结亲。

[8] 盈盈：充盈的样子。

[9] 不肖：自谦之称。

［10］垂：敬辞，用于别人（多是长辈或上级）对自己的行动。唁：对遭遇非常变故者的慰问，后多指对遭遇丧事的人的慰问。

［11］迄：到；至。“自壬午……迄甲辰”，从 1642 年至 1674 年。

［12］举：全。举不敢遗，不敢有一点的遗漏。

此段叙述作者回到故乡，亲人亡故，家道中落。追忆蜀地亲历的灾难，著成《蜀难叙略》。

（全文完）

Shu Nan Xu Lue（Par II）

（Narration of Disaster in Sichuan in Late Ming Dynasty）

［Qing dynasty］Shen Xunwei，original author

Tang Wenjing punctuation and annotation，Zhou Jixu examination

Introduction：In late Ming dynasty，Chengdu was attacked by the *Great West Army*（大西军）leading by Zhang Xianzhong（张献忠）. Shen Yunzuo，the county magistrate，was murdered for not surrendering. At that time，his son，Shen Xunwei was only three years old. Having been wandering about in Shu district，Shen Xunwei survived in the war. When the war was put down，Shen Xunwei was a 24－year－old adult and had composed this *SHUNANXULVE*（《蜀难叙略》）to elaborate his experience in this catastrophe in detail. What he had seen and heard is the precious material to learn the history of Sichuan and Chongqing district in the period of late Ming dynasty and Early Qing dynasty. With a skillful and vivid writing style, this article was composed by three times of destroy and continuity. Though the author had grown up in separations and wars, his persistence in keeping studying is perceptable in this article. The deeds of his father, Shen Yunzuo, was composed in *SHENHUAYANGZHUAN*（《沈华阳传》）by Fan Mingguang in late Ming dynasty whose original text and annotations could be found in this collection of *the Papers on Languages and history*（*Volume* 5～6）. The original text is excerpt from page 387 to 414（photocopy of the original texts）of *Southwest Historical and Geographial Literature Document* · *SHUNANXULVE*（《西南史地文献 · 蜀难叙略》）from *the Series of Southwest Literature Document*（《中国西南文献丛书》）, which are compiled by Miu Wenyuan, published by Lanzhou University Press in 2004.

图书在版编目（CIP）数据

语言历史论丛．第7辑/周及徐主编；四川师范大学汉语研究所编．—成都：巴蜀书社，2014.3
ISBN 978-7-5531-0407-2

Ⅰ.①语…　Ⅱ.①周…②四…　Ⅲ.①语言学—文集
Ⅳ.①H0-53

中国版本图书馆CIP数据核字（2014）第042175号

语言历史论丛（第七辑）　四川师范大学汉语研究所　编

责任编辑　黄云生
出　　版　巴蜀书社
　　　　　成都市槐树街2号　邮编610031
　　　　　总编室电话：（028）86259397
网　　址　www.bsbook.com
发　　行　巴蜀书社
　　　　　发行科电话：（028）86259422　86259423
经　　销　新华书店
印　　刷　成都蜀通印务有限责任公司
版　　次　2014年3月第1版
印　　次　2014年3月第1次印刷
成品尺寸　203mm×140mm
印　　张　9.5
字　　数　250千字
书　　号　ISBN 978-7-5531-0407-2
定　　价　25.00元